は　し　が　き

　今日，営利企業だけではなく官公庁にとっても，原価（コスト）を考えない組織の運営はありえません。したがって，すでに組織に関わっている方々，これから社会人になって組織に関わっていく方々にとって，原価や原価計算は欠かせない知識となっています。

　原価というと，「この牛丼の原価はいくらなのだろう」とか「原価割れ覚悟の大バーゲン」という具合に，日常生活の中でも比較的よく登場する言葉です。しかし，これから原価計算を学ぼうとする学生に「あなたの乗っている自動車の原価の中身ってなんだろう」と尋ねると，車体を作る鉄，タイヤ，ウインドガラス，エンジン，シート……あたりで詰まってしまいます。原価を原料の価格と考えているのかも知れません。原材料費以外の人件費やその他の原価の話がなかなか出てきません。

　自動車やテレビなど工業製品は主に工場で作られますが，普段の生活の中で工場を覗く機会はなかなかありません。学生はじめ一般の方々にとって，製品がどのような生産現場で，どのような人たちや機械設備によって作られているのかを想像することは，非常に難しいことだと思います。

　そこで，原価計算についての詳細な説明に入る前の本書第2章で，どの家庭にでもあるであろう自転車の製造方法を紹介しています。原価は簡単に言うと，製品を作ったり，売ったりするためにかかるものです。製品がどんなプロセスで作られ，売られていくのかがわからないと，そのためにかかったもの，つまり原価の計算も理解できないと考えたからです。

　本書は大きく3部構成になっています。まず「第1部　原価計算の基礎知識」では，原価計算の意義と目的，原価の本質と分類，原価計算の計算手続と種類に加えて，上述した自転車を事例に製品の生産工程と原価計算について解説しています。

　次に「第2部　製造原価算定のための計算手続」では，製品を作るためにか

かる製造原価の算定に必要な費目別計算，部門別計算，製品別計算（個別原価計算と総合原価計算）の3つの計算手続について解説しました。

　最後の「第3部　マネジメントに有用な原価計算」では，原価管理のために活用される標準原価計算，利益管理のために活用される直接原価計算とCVP分析，そして近年の急激な企業環境の変化に応じて登場したActivity-Based Costingについて解説します。

　本書は初めて原価計算を学ぶ方々のために執筆したテキストです。原価計算を身につけるためには，モノづくりのプロセスを思い浮かべたうえで，なぜそのような計算をするのかという理論的な理解が必要です。同時に，ペンと電卓を用意して，基本的な問題を繰り返し解くことが欠かせません。そのために，各章の「例題」についてはできるだけ丁寧な解説と解答を心掛け，この例題を通して各章の論点を理解できるよう努めました。また章末には「各章の問題」を用意していますので，各章の内容が十分に理解できているかどうか確認のために活用してください。

　本書を作成するにあたって，学習者側の視点からのコメントを著者の一人のゼミ生である法政大学経営学部の三枝木健司君よりいただきました。また，本書の企画から出版に至るまで大変お世話になりました，中央経済社取締役専務小坂井和重氏に心からお礼を申しあげます。

2016年2月

山　北　晴　雄
福　田　淳　児

目　　次

第1部■原価計算の基礎知識

第1章　原価計算の意義と目的 ─────── 2
1-1　原価および原価計算の意義……*2*
1-2　原価計算の目的……*3*
第1章の問題　……*5*

第2章　製品の生産工程と原価計算 ─────── 7
2-1　商企業と製造企業……*7*
2-2　自転車とは……*7*
2-3　自転車の生産工程……*10*
2-4　生産工程と原価計算……*12*
第2章の問題　……*13*

第3章　原価の本質と分類 ─────── 14
3-1　原価の本質……*14*
3-2　原価の分類……*14*
第3章の問題　……*18*

第4章　原価計算の手続と種類 ─────── 20
4-1　原価計算の手続と原価計算期間……*20*
4-2　原価計算の種類……*21*
第4章の問題　……*24*

// ◆ 目　次

第2部 ■ 製造原価算定のための計算手続

第5章　材料費の計算 ——— 26
- 5-1　材料費の意義と分類……*26*
- 5-2　材料購入原価の計算……*27*
- 5-3　材料の消費額の計算……*29*
- 5-4　材料棚卸減耗費の計算……*33*
- 第5章の問題 ……*34*

第6章　労務費の計算 ——— 35
- 6-1　労務費の意義と分類……*35*
- 6-2　支払賃金の計算……*37*
- 6-3　消費賃金の計算……*37*
- 6-4　直接工の消費賃金の計算……*37*
- 6-5　間接工の消費賃金の計算……*41*
- 6-6　給料，雑給，その他の労務費の計算……*42*
- 第6章の問題 ……*43*

第7章　経費の計算 ——— 45
- 7-1　経費の意義と分類……*45*
- 7-2　経費の計算……*46*
- 第7章の問題 ……*47*

第8章　製造間接費の計算 ——— 48
- 8-1　製造間接費の意義……*48*
- 8-2　製造間接費の製品への配賦……*48*
- 8-3　製造間接費の実際配賦と予定配賦……*51*
- 8-4　固定予算と変動予算……*54*
- 8-5　製造間接費配賦差異の計算と差異分析……*56*
- 8-6　配賦差異の処理……*59*

第8章の問題 ……*59*

第9章 原価の部門別計算 ─────── *62*

- 9-1 部門別計算の意義と目的…… *62*
- 9-2 原価部門の設定…… *63*
- 9-3 部門費の計算手続…… *64*
- 9-4 製造間接費の部門別計算
  （製造間接費の第1次集計）…… *65*
- 9-5 補助部門費の製造部門への配賦
  （製造間接費の第2次集計）…… *68*
- 9-6 予定配賦による部門別計算…… *74*

第9章の問題 ……*75*

第10章 個別原価計算 ─────── *78*

- 10-1 個別原価計算の意義…… *78*
- 10-2 単純個別原価計算の計算手続…… *79*
- 10-3 部門別個別原価計算…… *83*
- 10-4 仕損費の算定と処理…… *85*
- 10-5 作業くずの算定と処理…… *87*

第10章の問題 ……*89*

第11章 総合原価計算 ─────── *91*

- 11-1 総合原価計算の意義…… *91*
- 11-2 単一工程単純総合原価計算…… *92*
- 11-3 工程別総合原価計算…… *102*
- 11-4 組別総合原価計算…… *109*
- 11-5 等級別総合原価計算…… *112*
- 11-6 連産品総合原価計算…… *115*

第11章の問題 ……*116*

第3部 マネジメントに有用な原価計算

第12章 標準原価計算 —— *120*
- 12-1 標準原価計算の意義と目的…… *120*
- 12-2 標準原価計算制度とその諸目的…… *121*
- 12-3 標準原価計算の手続…… *122*
- 12-4 標準原価計算の現代的な意義…… *140*
- 第12章の問題 …… *142*

第13章 直接原価計算 —— *144*
- 13-1 直接原価計算の意義…… *144*
- 13-2 直接原価計算と全部原価計算による損益計算書…… *145*
- 13-3 生産量・販売量および営業利益の間の関係の一般化…… *149*
- 13-4 期末における固定費調整…… *151*
- 13-5 直接標準原価計算…… *152*
- 13-6 直接原価計算の利点と問題点…… *152*
- 第13章の問題 …… *153*

第14章 CVP分析 —— *155*
- 14-1 CVP分析の意義…… *155*
- 14-2 CVP図表…… *155*
- 14-3 CVP分析の基本モデル…… *157*
- 14-4 CVP分析を行うにあたっての仮定…… *161*
- 14-5 多品種製品の場合のCVP分析…… *165*
- 第14章の問題 …… *167*

第15章 Activity-Based Costing —— *168*
- 15-1 ABCの意義…… *168*
- 15-2 伝統的な製造間接費の配賦方法とABC…… *169*
- 15-3 ABCの論者たちの主張…… *173*

15-4　ABCの計算例……*173*

15-5　ABM……*178*

15-6　ABCに対する批判とTDABC……*179*

　第15章の問題　……*182*

■参考文献……*183*

■索　　引……*185*

第1部

原価計算の基礎知識

第1章

原価計算の意義と目的

1-1 ■ 原価および原価計算の意義

　原価（cost）とは，製品の製造やサービスの提供をするために消費した経営資源の価値を貨幣的に測定したものである。たとえば，企業では経営活動を行ううえで，原材料や労働力，電力，機械設備などさまざまな経営資源を消費する。つまり，こうした経営資源の消費額が原価である。1962年に大蔵省（当時）企業会計審議会から公表された『原価計算基準』によれば，「原価とは，経営における一定の給付にかかわらせて，把握された財貨または用役の消費を，貨幣価値的に表したもの」[1]と定義している。

　そして，原価計算（cost accounting）は，その原価を計算する手続である。具体的には，原価を費目別（原材料，労働力，機械設備など），発生場所別（機械加工部門，組立部門など），製品別（自転車製造企業の場合の普通車，スポーツ車など）に分類・集計して，原価に関する種々の情報を作成し，報告する。

　原価を費目別に分類・集計する目的は，原材料や労働力など，どの費目でどの程度の原価が発生しているのかを明らかにするためであり，製品別に分類・集計する目的は，どの製品でどの程度の原価が発生しているのかを明らかにすると同時に，製品ごとの採算性を明らかにするためである。

　また，原価を発生場所別に分類・集計する目的は以下の理由による。企業規模の拡大に伴い，組織も部・課など多くの管理組織が設けられ，管理組織の責任者は各管理組織で消費された原価について一定の責任を負うことになる。原価が組織全体でしか把握されないと，組織のどこでムダや不能率が生じているのか明らかにすることはできない。そこで，組織で発生する原価を正確に把握するとともに，組織のムダや不能率が生じている場所を明らかにして原価の節

約や改善に役立てるため，原価を管理組織すなわち発生場所別に分類・集計するのである。

さらに，原価計算は，経営資源を消費した後ばかりではなく消費する前，すなわち事前にも計算される。つまり，原価計算は過去に発生した事象だけではなく，将来起こるであろう事象をも記録・計算の対象にしている。管理組織の責任者に事前に一定期間に達成すべき原価の目標値を与え，期末に実績を測定し，これを目標値と対比させることによって，目標の達成度が明らかとなる。また，差異が発生した原因を分析すれば，ムダや不能率を改善する措置をとることが可能となるからである。

大蔵省企業会計審議会から公表された『原価計算基準』は，わが国の企業における原価計算の慣行の中から，一般に公正妥当と認められたところを要約して設定されたものである。したがって，『原価計算基準』は原価計算を実施する組織の原価計算手続を画一的に規定するものではなく，それぞれの利用者が有効な原価計算手続を規定して実施するための，基本的な枠組みを明らかにしたものといえる。

このように『原価計算基準』は，原価計算に関するわが国の実践規範としての役割を果たしているが，この基準が弾力性を有することを理解して，規模や業種その他の条件に応じて実情に即するように適用されるべきものである。

1－2 ■原価計算の目的

原価計算を行う目的について，『原価計算基準』は次の5つを示している[2]。

(1) **財務諸表の作成に必要な原価の集計**

財務会計では，株主や債権者など企業の外部利害関係者に対して，企業の経営成績と財政状態を表示する財務諸表を公表することが求められている。そのため，原価計算の目的として，まず財務諸表の作成に必要な原価情報を提供することがあげられる。

損益計算書では，売上原価を計算するために製造原価や製品等の期末棚卸高

に関する原価情報が必要となる。また，貸借対照表では，材料や仕掛品，製品など棚卸資産評価額を決定するための原価情報が必要となる。

(2) 価格計算に必要な原価資料の提供

製品の販売価格は，製品の製造原価に営業費や一定の利益を加えたものであるが，製品の価格は市場で決定されるため，必ずしもこうした加算方法で販売価格を決定できるわけではない。しかし，製品別の採算状況や収益性を把握するためには原価情報は不可欠であり，製品戦略上から原価情報は価格決定にも有用な情報となるのである。

(3) 原価管理に必要な原価資料の提供

市場において他の企業との競争，特に価格競争に勝ち抜いていくためには，企業はたえず原価の削減に努力しなければならない。そのためには，生産活動や販売活動で生じるムダや不能率を継続的に発見し，排除する仕組みを企業内に作りあげなければならない。

具体的には，各管理組織の責任者に対して，能率の尺度となるような原価の目標値を設定し，これを原価の実際発生額と比較するとともに，差異の原因を分析して改善措置を促すという，一連の原価管理活動に必要な原価情報が求められるのである。

(4) 予算編成および予算統制に必要な原価資料の提供

予算とは，企業の経営者が将来の一定期間における事業計画について，貨幣数値で表現した経営計画である。予算編成では，事業活動を貨幣的に測定・評価して予算を作る。そして予算統制では，実績の記録，予算・実績の比較と差異分析，計画の修正などが行われる。原価計算では，こうした予算編成と，それに基づく統制活動に必要な原価情報を提供するのである。

(5) 経営の基本計画設定のために必要な原価情報の提供

原価計算は，経営の基本計画の設定にあたって必要な原価情報を提供する役割も果たす。ここで，基本計画とは，経営環境の変化に適応した新製品開発や

経営立地，生産設備など経営構造に関する基本事項についての意思決定を行い，経営構造を合理的に組成する随時的な決定である。

たとえば，海外に工場を移転するかどうかの意思決定をする場合には，国内生産したときと海外生産したとき，それぞれの原価を比較しなければならないが，そのために原価情報が必要となる。

[注]
(1) 『原価計算基準』第1章3。
(2) 『原価計算基準』第1章1。

第1章の問題

1.1 原価および原価計算の意義に関する次の文章について，（　）のなかに適切な用語を入れなさい。

『原価計算基準』によれば，「原価とは，経営における一定の（ ① ）にかかわらせて，把握された（ ② ）または（ ③ ）の消費を，（ ④ ）的に表したもの」と定義している。原価計算は，その原価を計算する手続きであり，（ ⑤ ）別，（ ⑥ ）別，（ ⑦ ）別の順に分類・集計して，原価に関する種々の情報を作成し，報告する。

1.2 原価計算の目的に関する次の文章について，（　）のなかに適切な用語を入れなさい。

『原価計算基準』では原価計算を行う目的について，（ ① ）の作成に必要な原価の集計，（ ② ）計算に必要な原価資料の提供，（ ③ ）管理に必要な原価資料の提供，（ ④ ）編成および（ ④ ）統制に必要な原価資料の提供，（ ⑤ ）のために必要な原価情報の提供，の5つをあげている。

1.3 『原価計算基準』の設定目的に関する次の文章について，（　）のなかに適切な用語を入れなさい。

大蔵省企業会計審議会から公表された『原価計算基準』は，わが国の（ ① ）における原価計算の（ ② ）の中から，一般に（ ③ ）と認められたところを要約して設定されたものである。したがって，『原価計算基準』は原価計算を実施する組織の原価計算手続を（ ④ ）に規定するものではなく，それぞれの利用者が（ ⑤ ）な原価計算手続を規定して実施するための，（ ⑥ ）を明らかにしたも

のといえる。このように『原価計算基準』は、原価計算に関するわが国の（ ⑦ ）としての役割を果たしているが、この基準が（ ⑧ ）を有することを理解して、規模や業種その他の条件に応じて（ ⑨ ）に即するように適用されるべきものである。

1.4 次の文章のうち、内容が正しいものには○印を、内容が誤っているものには×印を（ ）のなかに記入しなさい。

(1) （　）原価計算は、製造業において製品の製造原価を算定するために必要な計算手続であり、サービス業において提供するサービス原価を算定するための計算手続ではない。

(2) （　）原価計算は、原価を費目別、発生場所別および製品別に分類・集計する計算手続である。

(3) （　）原価計算は、経営資源を消費した後に事後的に計算されるだけでなく、将来起こるであろう事象の経営資源の消費について事前に計算されることもある。

(4) （　）原価計算は、製品価格の計算に必要な原価情報を得る目的のためのみに行われる計算手続である。

(5) （　）『原価計算基準』は組織の規模や業種に関係なく、すべての組織が実践すべき原価計算手続を画一的に規定したものである。

第2章

製品の生産工程と原価計算

2-1 ■ 商企業と製造企業

　企業には,百貨店やスーパーなどの商企業と,自動車メーカーや電機メーカーなどの製造企業がある。

　商企業では,企業の外部から商品を仕入れる購買活動と,仕入れた商品を企業外部に売り渡す販売活動が行われる。購買活動と販売活動はともに企業の外部者との取引であるため,外部取引とも呼ばれる。

　これに対して,製造企業ではこうした外部取引に加えて,企業内部で行う内部取引が行われる。内部取引は,企業外部から購入した原材料を,労働力や機械設備などを使って加工する生産活動である。

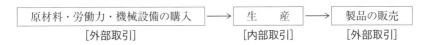

　一般にはなじみの少ないこの生産活動について,どの家庭でもあるであろう自転車を事例として考えてみたい。

2-2 ■ 自転車とは

　道路交通法では自転車は,「ペダル又はハンド・クランクを用い,かつ,人の力により運転する二輪以上の車（レールにより運転する車を除く。）であって,身体障害者用の車いす,歩行補助者及び小児用の車以外のもの（人の力を補うための原動機を用いるものであって,内閣府令で定める基準に該当するものを含

む。）」[1]と定義され，軽車両に分類される。

　また，日本工業規格では「自転車とは，ペダル又はハンド・クランクを用い，主に乗員の人力で駆動・操縦され，かつ，駆動車輪をもち，地上を走行する車両」[2]と定義されている。また，日本工業規格において自転車は，一般自転車，スポーツ車，シティ車，実用車，子供車，幼児用自転車，マウンテンバイクなどに分類される。

　ここで，自転車を構成する部品について確認してみると，日本工業規格では図表２−１のように定めている。自転車を構成する部品は自転車の種類によっても異なるが，シティ車やスポーツ車では概ね34点，細分類でみると49点と，

図表２−１　自転車各部の名称

(1)　シティ車

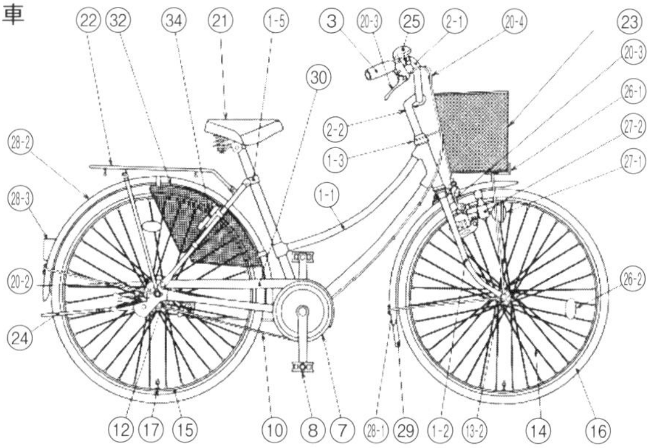

(2)　スポーツ車

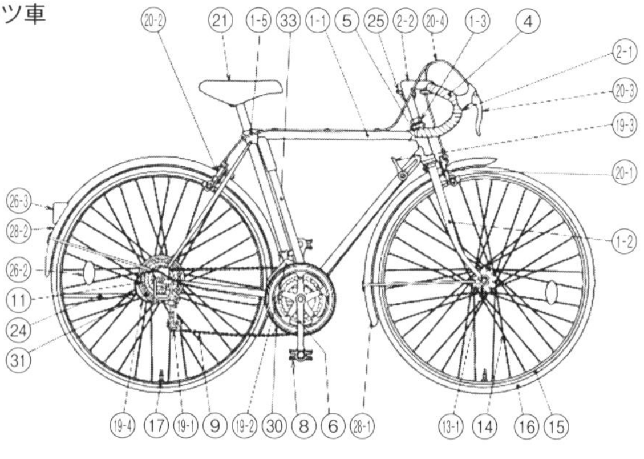

番号	部品名	部分分類	番号	部品名	部分分類
1	フレーム	車体部	20	ブレーキ	制動装置
1-1	フレーム体		20-1	前ブレーキ本体	
1-2	前ホーク		20-2	後ブレーキ本体	
1-3	ヘッド部品（フレーム部品）		20-3	ブレーキレバー	
1-4	ハンガ部品（フレーム部品）		20-4	ブレーキワイヤ（又はロッド）	
1-5	シート部品（フレーム部品）		21	サドル	座席装置
2	ハンドル	操だ(舵)装置	22	リアキャリア	積載装置
2-1	ハンドルバー		23	バスケット	
2-2	ハンドルステム		24	スタンド	停立装置
3	にぎり		25	ベル	警報装置
4	バーテープ		26	リフレックスリフレクタ	
5	エンドキャップ（又はエンドプラグ）		26-1	フロントリフレクタ	
6	ギアクランク	駆動装置	26-2	サイドリフレクタ	
7	フロント歯付プーリー		26-3	リアリフレクタ	
8	ペダル		27	灯火装置	照明装置
9	チェーン		27-1	前照灯	
10	歯付きベルト		27-2	ダイナモ	
11	フリーホイール（又は小ギア）		28	どろよけ	保護装置
12	リア歯付プーリー		28-1	前どろよけ	
13	ハブ	走行装置	28-2	後どろよけ	
13-1	前ハブ		29	フラップ	
13-2	後ハブ		30	チェーンケース	
14	スポーク		31	スポークプロテクタ	
15	リム		32	ドレスガード	
16	タイヤ		33	フレームポンプ	付属部品
17	タイヤバルブ		34	錠	
19	ディレーラ	チェンジギア装置			
19-1	リアディレーラ				
19-2	フロントディレーラ				
19-3	シフトレバー				
19-4	ディレーラワイヤ				

出所：自転車産業振興協会『自転車統計要覧』pp. 4 - 5。

30点から50点の部品から構成されていることがわかる。自転車の部品は金属製やプラスチック製などから成り，サドルや泥よけなど高い技術が不要なものから，変速機やハブ，ギヤ・クランクなど高度な技術が求められるものまで極めて多様である。

2−3 ■自転車の生産工程

ある自転車製造企業の生産工程をみると，概ね次に示すようである[3]。企業によっても異なるが，【機械】とあるのは機械作業が中心，【人手】とあるのは人手作業が中心の工程である。

(1) フレーム製造工程
　① 溶接工程【ロー溶接は人手，炭酸ガスアーク溶接は機械】
　　所定の長さに切断された鉄パイプを，ロー溶接や炭酸ガスアーク溶接などによりフレームの形に溶接する。溶接後，溶接で生じたフレームの曲りなどを調節する。
　② 前処理工程【フレームの機械へのひっかけ作業は人手，あとは機械】
　　鉄のフレームに防錆処理を施すため，まず硫酸につけてサビや油・ゴミ等を取り，その後，中和させるためアルカリ水につけ，最後に水で洗い流す。さらに，パーカー液を吹き付けてサビ止め皮膜効果をつくり，乾燥させる。
　③ 塗装工程【仕上げの塗装は機械，あとは人手】
　　塗装は静電塗装を施すが，最初に下塗りをし，次に中塗りをし，仕上げにつや出し塗装をする。乾燥して塗装工程が完了する。
　④ 仕上工程【人手】
　　製品名のマークを貼り，保護用シートを巻く。また，前フォークを取り付けてフレームが完成する。

(2) ハンドル製造工程
　① パイプの切断工程【機械】

パイプを所定の長さに切断する。
② バルジ加工工程【機械】
ハンドル調整具を付けるため，パイプの中心部分をウレタンに圧力をかけて中からふくらませる。
③ ハンドル成型工程【機械】
パイプをハンドルの形に曲げて成型する。
④ ハンドル調整具（ラグ）製造工程【機械】
アルミ合金を溶かして型に流し込み，ハンドル調整具の形に成形する。
⑤ ハンドル研磨工程【機械】
洗剤・水・研磨石の入ったタンクの中でハンドルを回転させて研磨する。
⑥ 部品取付け工程【人手】
ハンドルにラグ部品を組み込み，ボルトを締めてハンドルが完成する。

(3) 車輪製造工程
① ハブにスポークを通す工程【セットは人手，あとは機械】
ハブの穴に36本のスポークを通したあと，機械の遠心力でスポークを傘状に広げ，均等に並べる。
② リム・スポークセット工程【セットは人手，あとは機械】
リムをセットしたあと，リムにスポークを通し，仮締めをする。スポークの張力を均等に保ちながら外側からスポークをしめ上げて，リムを完全な円形にする。
③ 振れ取り工程【機械】
車輪のスポーク張力のバランスが崩れるとまっすぐに回らず波打つような状態（振れ）になる。こうした状態を解消するために，スポークの張力を直す振れ取りを自動振れ取り機にかけて行う。
④ ホイール仕上工程【機械】
さらに内側からスポークを張って，まっすぐ回るようにバランスをとる。
⑤ ゴムタイヤ・チューブセット工程【人手】
チューブを入れ，タイヤをかぶせる。
⑧ 検査工程【人手】

振れ，しめの固さ，スポークのねじれなどを検査して完了する。

(4) 組立工程【人手】

　ハンドルにブレーキレバー，グリップを取り付ける。そのあと，ギヤ・クランク，後輪・前輪，サドル，ハンドルを取り付け組立工程が完了する。

2-4 生産工程と原価計算

　このように，自転車はフレーム製造工程，ハンドル製造工程，車輪製造工程および組立工程を経て完成し，納品される。

　この自転車の原価を計算するためには，まず，使用した原材料，労働力，機械設備などの消費額によって費目別に集計する。費目別の集計は，原材料の消費額は「材料費」，労働力の消費は「労務費」，機械設備などの消費額は「経費」と，3つに区分して集計される。

　フレームやハンドルの製造工程では，鉄やアルミのパイプや塗料，各種部品が消費され，車輪の製造工程では，ハブ，スポーク，リム，ゴムタイヤ，チューブなどの部品が消費される。また，組立工程では，ブレーキレバーやグリップ，ギヤ・クランク，サドルなどの部品が消費される。こうした材料や部品の消費額を集計するのが「材料費の計算」である。

　また，各生産工程でみた人手作業では労働力が消費され，機械設備による作業では機械設備の減価償却費や光熱費が消費される。労働力の消費額を集計するのが「労務費の計算」であり，機械設備の減価償却費や光熱費の消費額を集計するのが「経費の計算」である。

　こうして費目別に集計された原価は，次に原価の発生場所別，すなわち，フレーム製造工程，ハンドル製造工程，車輪製造工程，および組立工程別に集計される。それぞれの工程で消費された「材料費」，「労務費」および「経費」を集計して計算する。

　そして最後に，一般自転車，スポーツ車，マウンテンバイクなどそれぞれの製品が，各生産工程で発生した原価をどの程度消費したか，すなわち製品別に

集計して，1台の自転車の原価が計算されるのである。

[注]
(1) 道路交通法第2条1項11の2。
(2) 日本工業規格（JIS D 9111: 2010（自転車―分類及び諸元））。
(3) 科学技術振興事業団製作・著作『THE MAKING（36） 自転車ができるまで』。https://www.youtube.com/watch?v=XOocbI2eFTs.（2014年2月1日取得）をもとに筆者が作成。

第2章の問題

2.1　企業に関する次の文章について，（　）のなかに適切な用語を入れなさい。
　企業には，百貨店やスーパーなどの（　①　）企業と，自動車メーカーや電機メーカーなどの（　②　）企業がある。（　①　）企業では，企業の外部から商品を仕入れる（　③　）活動と，仕入れた商品を企業外部に売り渡す（　④　）活動が行われるが，両社は（　⑤　）取引とも呼ばれる。これに対して，（　②　）企業ではこうした（　⑤　）取引に加えて，（　⑥　）活動としての（　⑦　）取引が加わる。

2.2　自転車の製造工程と原価計算について，（　）のなかに適切な用語を入れなさい。
　自転車は（　①　）製造工程，（　②　）製造工程，（　③　）製造工程および（　④　）工程を経て完成する。この自転車の原価を計算するためには，まず，使用した原材料，労働力，機械設備などの消費額によって（　⑤　）別に集計する。次に自転車の各製造工程別，すなわち，原価の（　⑥　）別に集計して計算する。そして最後に，一般自転車，スポーツ車，マウンテンバイクなど（　⑦　）別に原価を集計して，1台の自転車の原価が計算される。

第3章

原価の本質と分類

3-1■原価の本質

先に，自転車製造企業の事例でもみたように，原価は製品の製造やサービスの提供をするために消費した経営資源の価値を貨幣的に測定したものである。そして，この原価の本質について『原価計算基準』に従えば，次のように整理される。

(1) 原価は製品やサービスを生産・提供するために消費された原材料，労働力，電力，機械設備など「経済的価値の消費」[1]である。
(2) 原価は「経営において作り出された一定の給付に転嫁される価値であり，その給付にかかわらせて，把握されたもの」[2]である。ここで「一定の給付」とは製品やサービスを示し，この製品やサービスにかかわらせて把握されたものが原価である。
(3) 原価は製品やサービスの生産活動や販売活動など「経営目的に関連したもの」[3]であり，資金の調達などの財務費用は原価には含まれない。
(4) 原価は「正常な状態のもとにおける経営活動を前提として，把握された価値の消費」[4]であり，火災や風水害などが原因で発生した異常な状態の損失は含まれない。

3-2■原価の分類

原価は各種の基準によって分類されるが，代表的な分類基準として形態別分類，製品との関連による分類，機能別分類，操業度による分類がある。以下，

それぞれの分類についてみていくこととする。

(1) **形態別分類**
　原価の形態別分類とは原価発生の形態による分類であり，原価は製品を製造するための製造原価と，製品の販売や企業全般の管理をするための販売費および一般管理費に大別される。これらはさらに，原価の発生形態によって次のように分類される。
【製造原価】
　製造原価は消費した経営資源の形態によって，材料費，労務費，経費に分類される。
　① **材料費**（material costs）　物品の消費によって生じる原価であり，素材費，原料費，買入部品費，燃料費，工場消耗品費，消耗工具器具備品費などがある。
　② **労務費**（labor costs）　労働力の消費によって生じる原価であり，賃金，給料，雑給，従業員賞与手当，退職給付引当金繰入額，福利費（健康保険料負担金）などがある。
　③ **経費**（expenses）　材料費と労務費以外の原価であり，減価償却費，電力・ガス・水道料，賃借料，保険料，修繕費，租税公課，外注加工賃，特許権使用料などがある。
【販売費および一般管理費】
　販売費および一般管理費は，その機能別に次のように分類される。
　① **販売費**　製品の販売のために生じる原価であり，販売員給料，広告宣伝費，出荷運送費，企画費などがある。
　② **一般管理費**　企業全般を管理するために生じる原価であり，経営者や事務員の給料，水道光熱費，支払家賃，保険料などがある。
　なお，販売費および一般管理費はまとめて営業費とも呼ばれる。

(2) **製品との関連における分類**
　製品との関連における分類とは，製品に対する原価発生の態様，すなわち原価の発生が一定単位の製品の生成に関して直接的に認識できるかどうかによる

分類であり，直接費と間接費に分類される。

① 製造直接費

製造直接費は，一定単位の製品を製造するために消費され，したがって製品別に直接的に把握・集計できる原価である。製造直接費は，直接材料費（主要材料費，買入部品費），直接労務費（直接賃金），直接経費（外注加工賃など）に区分される。

② 製造間接費

製造間接費は，複数の製品を製造するために共通して消費され，したがって製品別に直接的には把握・集計できない原価である。製造間接費は，間接材料費（補助材料費，工場消耗品費，消耗工具器具備品費），間接労務費（間接作業賃金，間接工賃金，手待賃金，休業賃金，給料，従業員賞与手当など），間接経費（福利施設負担額，厚生費，減価償却費，電力料，ガス代，水道料など）に区分される。

(1)の形態別分類と(2)の製品との関連による分類を使って総原価を分類すると，図表3-1のようになる。

図表3-1　原価の分類

総原価	営業費	販売費	
		一般管理費	
	製造原価	製造間接費	間接材料費
			間接労務費
			間接経費
		製造直接費	直接材料費
			直接労務費
			直接経費

なお，原価の本質でみたように，原価は経営目的に関連したものであり，正常な状態で発生したものでなければならない。したがって，製品の製造や販売，企業全般の管理に無関係の費用は原価には含めず，非原価項目と呼ぶ。非原価項目には経営目的に関連しない投資資産である不動産の減価償却費や支払利息，割引料，異常な状態を原因とする火災や風水害による損失などがある。

(3) 機能別分類

　機能別分類とは，原価が経営上のいかなる機能のために発生したかによる分類である。たとえば，材料費は主要材料費，補助材料費，工場消耗品費などに，賃金は作業種類別賃金，間接作業賃金，手待賃金などに，経費は各部門の機能別経費に分類される。

(4) 操業度との関連における分類

　操業度との関連における分類とは，操業度の増減に対する原価発生の態様，すなわち操業度の増減に応じて原価の発生額がどのように変化するかによる分類であり，原価は「変動費」と「固定費」に分類される。また，変動費および固定費に類似する原価として，それぞれ「準変動費」および「準固定費」がある。

　ここで操業度とは，生産設備を一定とした場合のその利用度をいい，通常，売上高，生産高，販売量，生産量，直接作業時間などの尺度で表わされる。

① 変動費　　操業度の増減に比例して増減する原価であり，例として直接材料費や買入部品費などがあげられる。
② 固定費　　操業度の増減に関わらず，一定期間の発生額が変化しない原価であり，例として減価償却費，保険料などがあげられる。
③ 準変動費　操業度がゼロの場合にも一定額が発生し，操業度の増減に応じて変化する原価であり，例として電力料などがあげられる。
④ 準固定費　操業度のある範囲内の変化では固定的であり，これを越えると急増し，再び固定化する原価であり，その例として監督者給料などがあげられる。

　準固定費や準変動費は，固定費または変動費のいずれかに帰属させるか，それぞれを固定費部分と変動費部分に分解する手続がとられる。

　それぞれの原価態様を示すと**図表3-2**のようになる。

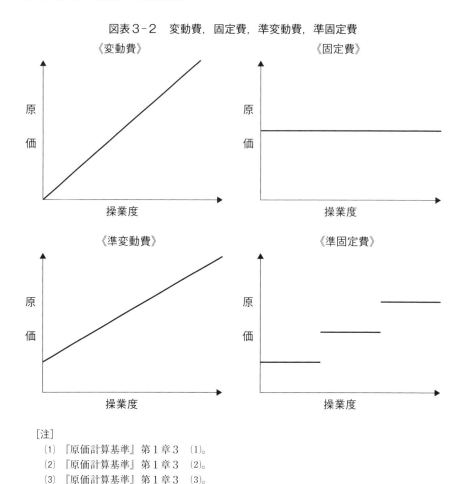

図表3-2　変動費，固定費，準変動費，準固定費

[注]
(1) 『原価計算基準』第1章3　(1)。
(2) 『原価計算基準』第1章3　(2)。
(3) 『原価計算基準』第1章3　(3)。
(4) 『原価計算基準』第1章3　(4)。

第3章の問題

3.1　『原価計算基準』に示されている原価の本質について，（　　）のなかに適切な用語を入れなさい。

　原価は製品やサービスを生産・提供するために消費された原材料，労働力，電力，機械設備など（　①　）の消費であり，経営において作り出された一定の（　②　）に転嫁される価値である。また，原価は製品やサービスの生産活動や販売活動など

(③) に関連したものであり，(④) な状態のもとにおける経営活動を前提として把握されたものである。

3.2 下図は原価の分類を示したものであるが，( ) のなかに適切な用語を入れなさい。

(①) 原 価	営業費	(③)	
		一般管理費	
	(②) 原 価	(④)	間接材料費
			(⑤)
			間接経費
		製造直接費	(⑥)
			直接労務費
			(⑦)

3.3 原価の分類に関する次の文章について，( ) のなかに適切な用語を入れなさい。

原価の形態別分類とは，(①) の形態による分類であり，原価は製品を製造するための (②) と，製品の販売や企業全般の管理をするための (③) に大別される。(②) はさらに，消費した経営資源の形態によって，物品の消費による (④)，労働力の消費による (⑤)，物品および労働力以外の資源の消費による (⑥) に分類される。

原価の製品との関連における分類とは，原価の発生が一定単位の (⑦) の生成に関して直接的に認識できるかどうかによる分類であり，製造原価は (⑧) と (⑨) に分類される。(⑧) は一定単位の製品を製造するために消費され製品別に直接的に把握・集計できる原価であり，(⑨) は，複数の製品を製造するために共通して消費され製品別に直接的には把握・集計できない原価である。

原価の操業度との関連における分類とは，(⑩) の増減に応じて原価の発生額がどのように変化するかによる分類であり，原価は (⑪) と (⑫) に分類される。(⑪) は操業度の増減に比例して増減する原価であり，例として (⑬) や (⑭) などがあげられる。一方，(⑫) は操業度の増減に関わらず，一定期間の発生額が変化しない原価であり，例として (⑮)，(⑯) などがあげられる。

第4章

原価計算の手続と種類

4-1 ■原価計算の手続と原価計算期間

(1) 原価計算の手続

　原価計算は，製造原価と販売費および一般管理費に分けて行われる。製造原価は，以下に述べるように，原則としてまず費目別に計算し，次いで部門別に計算し，最後に製品別に計算を行う。

　① 費目別計算

　費目別計算とは，製造活動において発生した原価を費目別に分類測定する手続であり，原価計算における第1次の計算段階である。原価は形態別分類を基礎にして，これらを直接費と間接費に大別し，直接材料費，直接労務費，直接経費，間接材料費，間接労務費，間接経費として把握する。これらをさらに必要に応じて機能別に細分した項目が費目となる。

　第2章でみた自転車製造企業では，鉄やアルミのパイプ・ハブ・スポーク・ゴムタイヤ・チューブ・ブレーキレバー・サドルなど材料費の計算，工場で働く工員や事務員の人件費など労務費の計算，工場の機械設備の減価償却費や光熱費など経費の計算が費目別計算である。費目別計算の詳細については第5章から第7章で説明する。

　② 部門別計算

　部門別計算とは，費目別計算において把握された原価をその発生場所である原価部門別に分類集計する手続をいい，原価計算の第2次の計算段階である。ここで原価部門とは，原価の発生を機能別，責任区分別に管理するとともに，製品原価の計算を正確にするために原価を分類集計する計算組織上の区分をいう。部門別計算を行うことによって，原価を発生させた責任区分を明確にし，

部門別計算の後に続く製品別計算の正確性を高めることが可能になる。

自転車製造企業では、フレーム製造工程，ハンドル製造工程，車輪製造工程および組立工程を原価の発生場所として区分したが，それぞれの工程で消費された材料費，労務費および経費を集計して行う計算が部門別計算である。部門別計算の詳細については第9章で説明する。

③ 製品別計算

製品別計算とは，原価を一定の製品単位に集計して，製品1単位あたりの製造原価を算定する手続をいい，原価計算における第3次の計算段階である。自転車製造企業では，一般自転車，スポーツ車，マウンテンバイクなどそれぞれの製品が，各生産工程で消費した原価を集計して行う計算が製品別計算である。

なお，販売費および一般管理費は，原則として，形態別分類を基礎として，これを直接費と間接費とに大別する。さらに必要に応じて機能別分類を加味して分類し，一定期間の発生額を計算する。

自転車製造企業における販売費は，自転車の販売のために生じる販売員給料，広告宣伝費，出荷運送費などがある。また，一般管理費としては，企業全般を管理するための経営者や事務員の給料，水道光熱費，支払家賃，保険料などがある。

(2) 原価計算期間

通常，貸借対照表や損益計算書などの財務諸表は，会計期間として1年という期間を区切って作成されるが，原価計算では原価計算期間として1カ月の期間を区切って計算される。これは製品の価格決定や原価管理を行うために，原価情報を早く知る必要があるためである。

4−2■原価計算の種類

(1) 実際原価計算と標準原価計算

実際原価計算は，製品の製造・販売活動を行った後に，実際原価を把握するために行う原価計算である。実際原価は，原材料や労働力などの実際消費量に

実際消費単価を乗じて求められる。

　たとえば，材料費の計算では，実際に購入した材料の価格に，実際に消費した材料の量を乗じて計算される。

　しかし，材料の市場価格の変動などによる製品原価の変動に加え，製品の製造が完了してから製品原価を計算すると，製造が完了するまで製品原価が計算できず，製品ごとの採算性や収益性の把握が困難になるなどの問題が生じる。こうした問題点を克服するために，実際価格の代わりに予定価格等をもって計算しても，材料の消費量を実際によって計算する限り，これを実際原価計算とすることとしている。

　これに対し，標準原価計算は，製品の製造・販売活動に先立って，能率の尺度や達成されるべき目標として設定した標準原価を計算するために行う原価計算である。ここで標準原価とは，原材料や労働力の消費量を科学的，統計的調査に基づいて，能率の尺度となるように予定し，かつ，予定価格または正常価格をもって計算した原価をいう。こうして計算した標準原価と事後的に算定した実際原価とを比較して差異を計算し，差異の原因分析を行って改善活動を促すのである。

(2) 個別原価計算と総合原価計算

　原価計算は，製品の生産形態の違いによって，個別原価計算と総合原価計算に分類される。

　個別原価計算は，船舶，建物，重電機，工作機械などのように，種類や規格が異なる製品を個別に受注生産する企業，あるいは印刷・出版業などのように一定数量単位（これをロットという）の製品を生産する企業において適用される原価計算である。これらの企業では，製品1単位あるいは1ロットごとに原価を集計し，製品の生産完了時に製品原価を算定する。

　これに対し，総合原価計算は，鉄鋼，家庭電気製品，自動車，化学製品などのように，標準規格製品を連続して見込み大量生産する企業に適用される原価計算である。これらの企業では，一定期間（通常1カ月）に発生した製造原価を，その期間の生産量で除すことによって，製品1単位あたりの製品原価を算定する。

(3) 全部原価計算と部分原価計算（直接原価計算）

　原価計算は，製品に集計される原価の範囲によって，全部原価計算と部分原価計算に分類される。全部原価計算は，製品を製造するのに発生したすべての製造原価，すなわち全部原価を算定する原価計算である。財務諸表を作成するためには，全部原価計算により算定した原価情報が要求されている。

　これに対し，部分原価計算は，製造原価の一部のみを集計した製造原価，すなわち部分原価を算定する原価計算である。直接原価計算は部分原価計算の代表例であり，変動製造原価のみで製品原価を算定する原価計算である。直接原価計算により算定した原価情報は，利益計画の策定など経営管理活動に利用される。

(4) 原価計算制度と特殊原価調査

　『原価計算基準』では原価計算について，制度としての原価計算すなわち原価計算制度と特殊原価調査に分類している[1]。原価計算制度は，財務会計機構と有機的に結びついて常時継続的に行われる計算体系である。そして，原価計算制度は，財務諸表の作成，原価管理，予算統制等の異なる目的が，重点の相違はあるとしても相ともに達成されるべき計算秩序である。

　これに対し，特殊原価調査は，財務会計機構と結びつかずに随時断片的に行われる原価の統計的，技術的計算ないし調査である。こうした原価情報は，関連原価や無関連原価などの原価情報として，設備投資の経済計算など経営管理活動に利用される。

［注］
(1) 『原価計算基準』第1章2。

第4章の問題

4.1 原価計算の手続と原価計算期間に関する次の文章について，（　　）のなかに適切な用語を入れなさい。

　原価計算は，原則としてまず（　①　）別に計算し，次いで（　②　）別に計算し，最後に（　③　）別に計算を行う。（　①　）別計算とは，製造活動において発生した原価を（　①　）別に分類測定する手続であり，原価計算における第1次の計算段階である。次に部門別計算とは，（　①　）別計算において把握された原価の発生場所である（　②　）別に分類集計する手続をいい，原価計算の第2次の計算段階である。最後に，（　③　）別計算とは，原価を一定の（　③　）単位に集計して，（　③　）1単位あたりの製造原価を算定する手続をいい，原価計算における第3次の計算段階である。

　通常，貸借対照表や損益計算書などの財務諸表は，会計期間として（　④　）という期間を区切って作成されるが，原価計算では原価計算期間として（　⑤　）の期間を区切って計算される。これは製品の価格決定や原価管理を行うために，原価情報を早く知る必要があるためである。

4.2 原価計算の種類に関する次の文章について，（　　）のなかに適切な用語を入れなさい。

　（　①　）計算は，製品の製造・販売活動を行った後に，（　①　）を把握するために行う原価計算であるのに対し，（　②　）計算は，製品の製造・販売活動に先立って，能率の尺度や達成されるべき目標として設定した（　②　）を計算するために行う原価計算である。

　また，原価計算は，製品の（　③　）の違いによって，（　④　）計算と（　⑤　）計算に分類される。（　④　）計算は，種類や規格が異なる製品を個別に受注生産する企業や製品をロット生産する企業において適用される原価計算であるのに対し，（　⑤　）計算は，標準規格製品を連続して見込み大量生産する企業に適用される原価計算である。

　さらに，原価計算は，製品に集計される（　⑥　）によって，（　⑦　）計算と（　⑧　）計算に分類される。（　⑦　）計算は，製品を製造するのに発生したすべての製造原価を算定する原価計算であり，（　⑧　）計算は，製造原価の一部のみを集計した製造原価を算定する原価計算である。（　⑨　）計算は（　⑧　）計算の代表例である。

第2部

製造原価算定のための計算手続

第5章

材料費の計算

5－1 材料費の意義と分類

　材料費とは，物品の消費によって生ずる原価である。費目別計算において，原価は形態別分類を基礎として，これを直接費と間接費に大別する。

　まず，材料費は形態別に，材料（素材）費および原料費，買入部品費，工場消耗品費および消耗工具器具備品費に分類される。

① 材料（素材）費および原料費

　材料（素材）は自転車のフレームを製造する場合の鉄パイプのように，物理的に加工を加えることによって製品を構成する物品であり，原料とはタイヤを製造する場合の天然ゴムのように化学的に加工を加えることによって製品を構成する物品である。こうした材料（素材）や原料の消費によって生ずる原価が材料（素材）費および原料費である。

　材料（素材）費および原料費は，製品の主要部分に消費される主要材料費と，補助的に消費される補助材料費に区分される。主要材料は鉄パイプやアルミパイプなどの材料や原料であり，これらの材料や原料の消費によって生じる原価が主要材料費である。また，補助材料は塗装用の塗料など受払記録をつけて管理すべき材料や原料で，これらの材料や原料の消費によって生ずる原価が補助材料費である。

② 買入部品費

　買入部品は外部から購入して，加工せずに製品本体の一部として取り付けられる自転車のゴムタイヤやグリップ，サドルなどの物品であり，これらの物品の消費によって生ずる原価が買入部品費である。

③ 工場消耗品費

工場消耗品は機械油のように金額的に重要ではなく，受払記録をつけて管理する必要のない物品であり，これらの物品の消費によって生じる原価が工場消耗品費である。

④　消耗工具器具備品費

消耗工具器具備品は，耐用年数1年未満または取得原価が安く固定資産として処理する必要のない工具（スパナ，ドライバーなど），器具（測定器具，検査器具など），備品（机，椅子など）であり，これらの物品の消費によって生ずる原価が消耗工具器具備品費である。

そして，材料費は，その発生が製品別に直接的に認識できるかどうかによって，直接材料費と間接材料費に分類される。つまり，製品別にどれだけ消費されたかが明確にわかるものが直接材料費であり，明確にわからないものが間接材料費である。

上記の形態別分類により分類した材料費を，直接材料費と間接材料費に区分すると次のように分類される。

① 　直接材料費：主要材料費（原料費），買入部品費
② 　間接材料費：補助材料費，工場消耗品費，消耗工具器具備品費

以上をまとめて示したのが**図表5-1**である。

図表5-1　材料費の分類

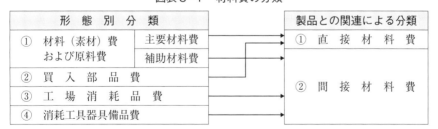

5-2■材料購入原価の計算

材料購入原価は，材料を購入してから出庫するまでに要する材料関係の原価

で，材料購入代価（材料主費ともいう）と材料副費とに大別される。

材料副費はさらに，購入手数料，引取運賃，荷役費，保険料，関税など工場に到着するまでにかかる「外部材料副費」と，材料の購入事務，検収，整理，選別，手入，保管など材料到着後に企業内部で要する「内部材料副費」に区分される。

外部材料副費は材料購入原価に含めなければならないが，内部材料副費は購入原価に含めず，間接経費として処理することも認められている。『原価計算基準』では材料の購入原価の計算について，次のように示している。

① 材料購入原価＝材料購入代価＋外部材料副費
② 材料購入原価＝材料購入代価＋外部材料副費＋内部材料副費

　　（ただし，必要があれば，②の方法において内部材料副費の一部を加算しないことができる。）

なお，内部材料副費の発生額は材料購入時点ではわからないことも多いため，予定配賦率を用いて予定配賦することがある。予定配賦率の計算式は以下のとおりである。

$$予定配賦率 = \frac{一定期間の内部材料副費予定額}{同期間の配賦基準数値（材料の年間予定購入数量など）}$$

例題5－1

材料Aおよび材料Bに関する次の資料から，各材料の購入原価を求めなさい。ただし，材料Aの内部材料副費は購入代価に加算し，材料Bの内部材料副費は購入代価に加算しないこととする。

〈資料〉

	単　価	数　量	買入手数料	引取運賃	購入事務費	保管費
材料A	¥100	500kg	¥3,000	¥10,000	¥5,000	¥4,000
材料B	¥250	800kg	¥5,000	¥15,000	¥7,000	¥6,000

解　答

(1) 材料Aの購入原価

¥100×500kg+（¥3,000+¥10,000）+（¥5,000+¥4,000）=¥72,000
　　購入代価　　　　外部材料副費　　　　内部材料副費

(2) 材料Bの購入原価

¥250×800kg+（¥5,000+¥15,000）=¥220,000
　　購入代価　　　　外部材料副費

買入手数料および引取運賃は外部材料副費であり，購入代価に加算しなければならない。一方，購入事務費および保管費は内部材料副費であり，購入代価に加算しないことができる。

5－3 材料の消費額の計算

(1) 材料費の計算

材料費は物品の消費額であるが，原価計算で消費というのは，材料が倉庫から工場に出庫されたことを示すものである。材料費は，材料の消費数量に消費単価を乗じて計算される。したがって，材料費を計算するためには，その材料の消費数量と消費単価を計算することが必要になる。

　　材料費＝消費数量×消費単価

(2) 材料の消費数量の計算

材料の消費数量の計算方法としては継続記録法と棚卸計算法があるが，原則として継続記録法で計算する。

① 継続記録法

継続記録法とは，材料ごとにその入庫および出庫のつど，受入数量および払出数量を材料元帳に記録し，常に材料の帳簿残高を明らかにする方法である。

継続記録法は記帳事務に手数がかかるが，帳簿在庫数量と実際在庫数量が異なる場合には，棚卸減耗や盗難など，その原因を分析することが可能

となる。そのため，精緻な管理を行う必要がある主要材料については，継続記録法によって消費数量を計算する。

② 棚卸計算法

棚卸計算法とは，材料ごとに入庫の際に受入数量のみを記録し，月末に実地棚卸をして，次式によって材料消費数量を推定する方法である。

材料消費数量＝月初材料在庫数量＋当月材料仕入数量－月末材料在庫数量

棚卸計算法は払出数量を記録しないため記録事務が簡略になるが，材料消費数量に棚卸減耗や盗難による材料の減少なども含まれてしまい，正確な材料消費数量を把握することができない。したがって，継続記録法の実施が困難な材料，あるいは重要でない材料についてのみ，棚卸計算法が適用される。

例題5－2

買入部品Ｃおよび工場消耗品Ｄに関する次の資料から，直接材料費と間接材料費を求めなさい。なお，買入部品Ｃについては継続記録法，工場消耗品Ｄについては棚卸計算法で材料費の計算をしている。

〈資料〉

	買入部品Ｃ		工場消耗品Ｄ	
	数量	単価	数量	単価
前月繰越	100個	¥2,000	1,000個	¥20
当月受入	500個	¥2,000	3,000個	¥20
当月払出	150個			
月末実地棚卸高	450個		800個	

解答

(1) 直接材料費（買入部品Ｃ）

150個×¥2,000＝¥300,000

(2) 間接材料費（工場消耗品Ｄ）

（1,000個＋3,000個－800個）×@¥20＝¥64,000

(3) **材料の消費単価の計算**

　材料の消費単価は実際の購入単価によって計算されるが，購入単価が変動する場合には，どの購入単価を消費単価として用いるかが問題となる。そのため，材料の消費単価の計算方法をあらかじめ決めておく必要があるが，その代表的な計算方法として，①個別法，②先入先出法，③移動平均法，④総平均法がある。

① 個別法　　消費される材料についてその購入単価を個別に認識し，その購入単価を材料の消費単価とする方法である。

② 先入先出法　　先に受け入れた材料から先に払い出すと仮定して，材料の消費単価を計算する方法である。材料の流れと原価の流れが一致する考え方といえる。

③ 移動平均法　　異なる単価の材料を受け入れるたびに平均単価を計算して，この平均単価を材料の消費単価とする方法である。

④ 総平均法　　原価計算期間すなわち1カ月間に受け入れた材料の平均単価を計算して，この平均単価を材料の消費単価とする方法である。

例題5-3

　材料Eに関する次の資料から，(1)先入先出法，(2)移動平均法，(3)総平均法によって材料元帳を完成するとともに，4月の材料費を求めなさい。

〈資料〉

4月1日	前月繰越	100kg	@¥80
6日	受　入	300kg	@¥100
12日	払　出	350kg	
18日	受　入	200kg	@¥110
24日	払　出	150kg	

解 答

(1) 先入先出法

材 料 元 帳　　　　　　　　　　　　　　　（単位：円）

月	日	摘　要	受入 数量	受入 単価	受入 金額	払出 数量	払出 単価	払出 金額	残高 数量	残高 単価	残高 金額
4	1	前月繰越	100	80	8,000				100	80	8,000
	6	受　入	300	100	30,000				{100	80	8,000
									300	100	30,000
	12	払　出				{100	80	8,000			
						250	100	25,000	50	100	5,000
	18	受　入	200	110	22,000				{50	100	5,000
									200	110	22,000
	24	払　出				{50	100	5,000			
						100	110	11,000	100	110	11,000
	30	次月繰越				100	110	11,000			
			600		60,000	600		60,000			
5	1	前月繰越	100	110	11,000				100	110	11,000

材料費は，材料元帳の払出欄の金額から計算する（(2)，(3)も同じ）。

$$4月の材料費：\frac{(¥8,000+¥25,000)}{4月12日払出分} + \frac{(¥5,000+¥11,000)}{4月24日払出分} = ¥49,000$$

(2) 移動平均法

材 料 元 帳　　　　　　　　　　　　　　　（単位：円）

月	日	摘　要	受入 数量	受入 単価	受入 金額	払出 数量	払出 単価	払出 金額	残高 数量	残高 単価	残高 金額
4	1	前月繰越	100	80	8,000				100	80	8,000
	6	受　入	300	100	30,000				400	95	38,000
	12	払　出				350	95	33,250	50	95	4,750
	18	受　入	200	110	22,000				250	107	26,750
	24	払　出				150	107	16,050	100	107	10,700
	30	次月繰越				100	107	10,700			
			600		60,000	600		60,000			
5	1	前月繰越	100	107	10,700				100	107	10,700

4月6日の移動平均単価：(¥8,000+¥30,000)÷(100kg+300kg)＝@¥95
4月18日の移動平均単価：(¥4,750+¥22,000)÷(50kg+200kg)＝@¥107

$$4月の材料費：\frac{¥33,250}{4月12日払出分} + \frac{¥16,050}{4月24日払出分} = ¥49,300$$

(3) 総平均法　　　　　　　　材　料　元　帳　　　　　　　　（単位：円）

月	日	摘　要	受入 数量	受入 単価	受入 金額	払出 数量	払出 単価	払出 金額	残高 数量	残高 単価	残高 金額
4	1	前月繰越	100	80	8,000				100	80	8,000
	6	受　入	300	100	30,000				400		
	12	払　出				350	100	35,000	50		
	18	受　入	200	110	22,000				250		
	24	払　出				150	100	15,000	100	100	10,000
	30	次月繰越				100	100	10,000			
			600	100	60,000	600	100	60,000			
5	1	前月繰越	100	100	10,000				100	100	10,000

総平均単価：$\dfrac{¥8,000+¥30,000+¥22,000}{100\text{kg}+300\text{kg}+200\text{kg}} = @¥100$

4月の材料費：$\dfrac{¥35,000}{4月12日払出分} + \dfrac{¥15,000}{4月24日払出分} = ¥50,000$

(4) 材料の予定価格による計算

　実際価格の計算には時間を有し計算の遅れが生じること，価格の変動により同一製品でも原価が異なってしまうことなどの問題点を克服するため，材料の消費単価として実際価格に代えて予定価格を使うことができる。
　予定価格によって材料費を計算した場合には，実際価格によって計算した材料費と一致せず，差額が生じることがある。この差額を材料消費価格差異といい，実際材料費が予定材料費よりも小さい場合を有利差異，大きい場合を不利差異と呼ぶ。材料消費価格差異は会計期末にその残高を売上原価に加算（不利差異の場合）あるいは減算（有利差異の場合）することになる。

5−4■材料棚卸減耗費の計算

　材料の消費量を継続記録法によって計算している場合には，材料元帳から月末帳簿数量が把握される。しかし，原材料の蒸発や紛失，盗難などにより，この月末帳簿数量が実地棚卸によって把握した実地棚卸数量と異なる場合がある。

この月末帳簿数量と実地棚卸数量の差額を棚卸減耗といい，消費単価を乗じて金額表示したものが棚卸減耗費である。この棚卸減耗による棚卸減耗費は正常な発生額である場合には間接経費として製品原価に算入し，異常な発生額である場合には非原価項目とする。

第5章の問題

5.1 船橋自転車工業の材料Fに関する次の資料から，内部材料副費の予定配賦率，材料Fに対する内部材料副費の予定配賦額および材料Fの購入原価を求めなさい。購入原価は，購入代価に外部材料副費の実際発生額と内部材料副費の予定配賦額を加算して計算するものとする。

〈資料〉
(1) 材料Fの購入代価 ：数量…100個　単価…@¥1,400
(2) 引取運賃（材料Fに対する実際発生額）：¥10,000
(3) 材料購入事務費の年間予定額 ：¥800,000
(4) 材料の年間予定購入数量 ：50,000個

5.2 市川電子部品工業の材料Gに関する次の資料から，(1)先入先出法，(2)移動平均法，(3)総平均法によって材料元帳を完成するとともに，9月の材料費を求めなさい。

〈資料〉
9月1日	前月繰越	200個	@¥1,600
8日	受　入	400個	@¥1,720
14日	払　出	400個	
21日	受　入	400個	@¥1,740
27日	払　出	300個	

第6章

労務費の計算

6－1 労務費の意義と分類

　労務費とは，労働力の消費によって発生する原価である。材料費の計算と同様，原価は形態別分類を基礎として，これを直接費と間接費に大別する。
　まず，労務費は形態別に，賃金，給料，雑給，従業員賞与・手当，退職給付引当金繰入額，法定福利費に分類される。
① **賃金**　　製品の製造に従事している工員に対して支払われる労務費であり，基本給と加給金から構成される。加給金とは，作業に直接に関係のある手当のことで，残業手当，夜間作業手当，危険作業手当などがある。
② **給料**　　製品の製造に直接従事していない工場長や職員に対して支払われる労務費である。
③ **雑給**　　アルバイトやパートタイマーなどの臨時雇用者に対して支払われる労務費である。
④ **従業員賞与・手当**　　従業員に対して支払われる賞与および手当をいう。ここで手当とは，作業に直接関係のない手当で，通勤手当，扶養家族手当，住宅手当などがある。なお，賞与については，通常，賞与引当金繰入額の1カ月分を労務費とする。
⑤ **退職給付引当金繰入額**　　会社の退職給付規定に従って支給される退職給付に対する引当金の繰入額であり，この繰入額の1カ月分を労務費とする。
⑥ **法定福利費**　　企業が負担する従業員の健康保険料，厚生年金保険など各種の社会保険料をいう。

　そして労務費は，その発生が製品別に直接認識できるかどうかによって，直

接労務費と間接労務費に分類される。つまり，製品別にどれだけの時間がかかったのか明確にわかるものが「直接労務費」であり，明確にわからないものが「間接労務費」である。

上記の形態別分類により分類した労務費を直接労務費と間接労務費の区分する際に必要となる，製品の製造に従事する工員の区分について説明しておくこととする。

工員はその職種に基づいて，直接工と間接工に区分される。「直接工」とは製品の製造作業に直接かかわる工員のことであり，「間接工」とは製品の製造作業に直接かかわらない工員のことである。そして，直接工が直接作業に従事した場合の賃金が直接労務費となり，これ以外の労務費はすべて間接労務費となる。

上記の形態別分類により分類した労務費を，直接労務費と間接労務費に区分すると次のように分類される。

① 直接労務費：直接工直接作業賃金
② 間接労務費：直接工間接作業賃金，手待賃金，間接工賃金，給料，雑給，従業員賞与・手当，退職給付引当金繰入額，法定福利費

以上をまとめて示したのが**図表6-1**である。

図表6-1 労務費の分類

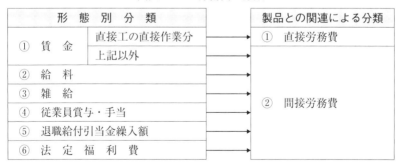

6－2 ■支払賃金の計算

賃金の支払方法には時間給制，日給制，月給制，出来高払制などがあるが，ここでは原価計算でよく使われる時間給制を前提として説明する。支払賃金は基本賃金に加給金を加えて計算するが，時間給制の場合の基本賃金は，支払賃率に実際作業時間を乗じて計算する。

支払賃率は従業員ごとに作成された賃金台帳から把握され，実際作業時間は出勤票によって把握される。

[時間給制の場合の支払賃金の計算]
　　支払賃金＝支払賃率×就業時間＋加給金
　　　　　　└─→（基本賃金）←─┘

6－3 ■消費賃金の計算

消費賃金は労働力の消費額のことだが，材料購入原価がそのまま材料費とならなかったように，支払賃金がそのまま消費賃金すなわち労務費とはならない。また，直接工と間接工とでは，消費賃金の計算方法が異なるため，区分して説明していく。

6－4 ■直接工の消費賃金の計算

直接工の消費賃金は，消費賃率に作業時間を乗じて計算する。つまり，

　　直接工消費賃金＝消費賃率×作業時間

の計算式で計算されるが，次に消費賃率と作業時間についてそれぞれみていくこととする。なお，消費賃率の計算において算入される労務費は，従来の通説に従って直接工の基本賃金と加給金とする。

(1) 消費賃率の分類

　消費賃率は，直接工一人ひとり個別に計算するか，工場全体ないし職種別の平均をとるかによって個別賃率と平均賃率に分かれる。個別賃率は個々の直接工ごとに計算されるため，どの直接工でもできる仕事を，賃率の異なる誰が生産したかによってその製品の原価が異なってしまうという問題が生じる。そこで，こうした問題点を回避するために平均賃率を使用することになる。

$$個別賃率 = \frac{特定の直接工の基本給 + 加給金}{その直接工の就業時間}$$

　平均賃率は，さらに工場全体の平均をとるか，職種や作業区分ごとの平均をとるかによって，総平均賃率と職種別平均賃率に分かれる。総平均賃率は個々の直接工の賃金の違いから生じる問題点を回避できる反面，職種や作業区分ごとの賃金の違いを反映されないという新たな問題が生じる。そこで職種や作業区分による賃金の違いを反映できる，職種別平均賃率を使用することが合理的と考えられ，実務上多く採用されている。

　総平均賃率および職種得別平均賃率は次式で計算される。

$$総平均賃率 = \frac{工場全体の直接工の基本給 + 加給金}{工場全体の直接工の就業時間}$$

$$職種別平均賃率 = \frac{同一職種の直接工の基本給 + 加給金}{同一職種の直接工の就業時間}$$

　そして，それぞれの消費賃率は，実際額で計算するか，予定額で計算するかによって実際賃率と予定賃率に分かれる。実際賃率は，実際支給額が確定しないと算定できないため，原価計算に遅れが生じるとともに，工場の操業度や作業内容によって変動するため原価管理にも不向きである。そこで，労務費の計算においても予定賃率を使用して計算する方法がとられることがある。

　これらをまとめると直接工の消費賃率は，図表6-2のようになる。

図表6-2　直接工の消費賃率の種類

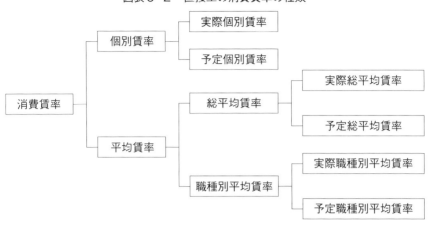

　なお，予定消費賃率を用いた場合には，予定消費賃率によって計算された消費賃金の金額と実際消費賃率によって計算された消費賃金の金額とに差額が生じる場合がある。

　この差額を賃率差異といい，実際消費賃金が予定消費賃金よりも小さい場合を有利差異，大きい場合を不利差異と呼ぶ。賃率差異は会計期末にその残高を売上原価に加算（不利差異の場合）あるいは減算（有利差異の場合）することになる。

例題6-1

次の資料に基づいて，総平均賃率，切削部門および組立部門の職種別平均賃率を求めなさい。

〈資料〉
当年度の直接工に関する労務費および就業時間は次のとおりである。

	基本給	加給金	就業時間
切削部門	¥4,000,000	¥800,000	6,000時間
組立部門	¥5,760,000	¥1,080,000	9,000時間
合計	¥9,760,000	¥1,880,000	15,000時間

解　答

(1) 総平均賃率

総平均賃率は部門合計で賃率を計算する。

総平均賃率＝（¥9,760,000＋¥1,880,000）÷15,000時間＝¥776／時間

(2) 職種別平均賃率

職種別平均賃率は，部門ごとに賃率を計算する。

① 切削部門平均賃率＝（¥4,000,000＋¥800,000）÷6,000時間＝¥800／時間
② 組立部門平均賃率＝（¥5,760,000＋¥1,080,000）÷9,000時間＝¥760／時間

(2) 勤務時間の内訳

　勤務時間は就業時間と定時休憩時間および職場離脱時間から構成され，就業時間は先にみた賃率を計算する際の分母として使用される。就業時間は実働時間と手待時間に分かれる。

　実働時間は実際に作業を行う時間であり，手待時間は工具の責任以外の原因によって作業ができない状態にある時間，たとえば停電や材料到着の遅れなどによる作業待ちの時間である。

　実働時間は直接作業時間と間接作業時間に分かれる。直接作業時間は直接製品の製造にあたる作業時間であり，間接作業時間は材料の運搬や清掃などの作業時間である。直接作業時間は，段取時間と加工時間からなる。段取時間は使用する機械の調整や金型の交換など加工の準備をするための時間であり，加工時間は実際に加工をしている時間である。これらを図示すると，**図表6-3**のようになる。

図表6-3　勤務時間の内訳

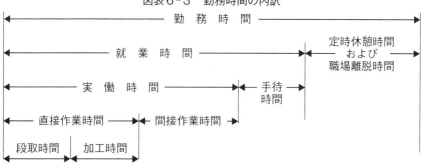

例題6-2

次の資料に基づいて，直接工に関する当月の直接労務費と間接労務費を求めなさい。なお，当社では予定賃率を使用している。

〈資料〉
(1) 当年度の予定賃率：¥1,800／時間
(2) 直接工の予定作業時間
　　段取時間　　　　60時間
　　加工時間　　　240時間
　　間接作業時間　 30時間
　　手待時間　　　　6時間

解 答

　直接工の労務費のうち直接労務費となる部分は，段取時間と加工時間を加えた直接作業時間に予定賃率を乗じた金額である。したがって，間接作業時間と手待時間の合計に予定賃率を乗じた金額は間接労務費となる。

　直接労務費=(60時間+240時間)×@¥1,800=¥540,000
　間接労務費=(30時間+6時間)×@¥1,800=¥64,800

6-5 ■間接工の消費賃金の計算

　間接工の消費賃金は，原価計算期間の負担に属する要支払額で計算する。ここで要支払額とは，賃金計算期間で計算された支払賃金を，原価計算期間（暦日の1カ月）に対応する支払賃金に修正した金額のことである。つまり，賃金計算期間（たとえば前月16日から当月15日まで）と原価計算期間（当月1日から当月末日まで）の時間的なずれを修正したものであり，当月の賃金支払額に当月末未払額を加え，前月末未払額を引いて計算される。

　　当月要支払額=賃金支払額+当月未払賃金－前月未払賃金

例題6－3

当社の間接工賃金の計算期間は前月16日から当月15日までであり，20日に支払をしている。5月の支払賃金は¥6,600,000であり，4月16日から4月末日までの前月未払分は¥1,200,000，5月16日から5月末日までの未払賃金は¥1,800,000であった。5月の要支払額を求めなさい。

解 答

間接工賃金の計算期間と原価計算期間のずれを図示すると次図のようになる。

[賃金計算期間と原価計算期間]

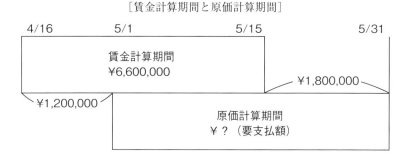

5月の要支払額＝¥6,600,000＋¥1,800,000－¥1,200,000＝¥7,200,000

6－6 ■給料，雑給，その他の労務費の計算

給料や雑給は間接工賃金と同様に，原則として当該原価計算期間の負担に属する要支払額をもって当月の労務費とする。従業員手当は当月の支払額が労務費となる。

従業員賞与については，夏と冬の半年に一度支払う場合には，支払予定額の6分の1を当月の労務費とする。なお，賞与引当金を設定している場合は，毎月の賞与引当金繰入額が当月の労務費となる。退職給付引当金繰入額は，1年間の繰入予定額の12分の1を当月の労務費とする。

第6章の問題

6.1 下記の図は，三鷹精密工業に勤務する直接工の勤務時間の内訳を示したものである。（　）のなかに適切な用語を入れ，各用語について簡単に説明しなさい。

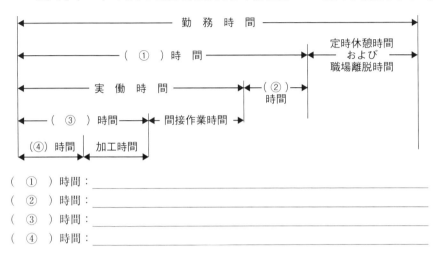

(　①　) 時間：＿＿＿＿＿＿＿＿＿＿＿＿＿＿＿＿＿＿＿＿＿＿＿＿＿＿＿
(　②　) 時間：＿＿＿＿＿＿＿＿＿＿＿＿＿＿＿＿＿＿＿＿＿＿＿＿＿＿＿
(　③　) 時間：＿＿＿＿＿＿＿＿＿＿＿＿＿＿＿＿＿＿＿＿＿＿＿＿＿＿＿
(　④　) 時間：＿＿＿＿＿＿＿＿＿＿＿＿＿＿＿＿＿＿＿＿＿＿＿＿＿＿＿

6.2 平井電子部品工業における次の資料に基づいて，直接工に関する当月の(1)直接労務費，(2)間接労務費を求めなさい。

〈資料〉
(1) 当年度の実際賃率：¥1,500／時間
(2) 直接工の実際勤務時間

　　加 工 時 間　　1,300時間
　　段 取 時 間　　　100時間
　　間接作業時間　　　320時間
　　手 待 時 間　　　 40時間
　　定時休憩時間　　　240時間
　　合　　　計　　2,000時間

6.3 亀戸電機における次の資料に基づいて，直接工に関する当月の(1)直接労務費，(2)間接労務費，(3)賃率差異を求めなさい。なお，労務費は予定消費賃率を用いて計算している。

〈資料〉
(1) 直接工の実際作業時間
　　段取時間　　110時間
　　加工時間　　580時間
　　間接作業時間　85時間
　　手待時間　　 25時間
　　合　計　　　800時間

(2) 直接工の予定賃金と予定就業時間
　　直接工の予定賃金合計　　￥23,760,000
　　直接工の予定就業時間合計　19,800時間

(3) 直接工に対する支払賃金および未払賃金
　　当月支払額：￥980,000
　　前月未払額：￥235,000
　　当月未払額：￥250,000

6.4 両国自転車部品における次の資料に基づいて，(1)間接工賃金，(2)給料，(3)雑給の消費賃金を求めなさい。

〈資料〉

	間接工賃金	給料	雑給
(1) 当月支払額	￥2,600,000	￥740,000	￥680,000
(2) 前月未払額	￥840,000	￥220,000	￥210,000
(3) 当月未払額	￥920,000	￥260,000	￥230,000

第7章

経費の計算

7−1 ■経費の意義と分類

　経費とは，物品や労働力以外の経営資源を消費することによって生ずる原価，すなわち材料費と労務費以外のすべての製造原価である。

　経費を形態別に分類すると，外注加工賃，特許権使用料，福利施設負担額，厚生費，減価償却費，賃借料，保険料，修繕料，電力料，ガス代，水道料，租税公課，旅費交通費，通信費，保管料，棚卸減耗費，雑費などがある。ここで，外注加工賃とは自社製品の加工の一部を外部の製造業者に委託して加工した場合に支払う加工賃のことである。

　そして経費は，その発生が製品別に直接的に認識できるかどうかによって，直接経費と間接経費に分類される。つまり，製品別にどれだけ消費されたかが明確にわかるものが「直接経費」であり，明確にわからないものが「間接経費」である。

　上記の形態別分類により分類した経費を，直接経費と間接経費に区分すると次のように分類される。
　① 直接経費：外注加工賃，特許権使用料など
　② 間接経費：賃借料，保険料，修繕料，電力料，ガス代，水道料など

　経費の分類方法にはこれらの形態別分類と製品との関連による分類方法のほか，その消費額の計算方法の違いから，次の4種類の分類方法がある。
　① 支払経費：外注加工賃，特許権使用料，厚生費，修繕料，旅費交通費など
　② 測定経費：電力料，ガス代，水道料など
　③ 月割経費：減価償却費，保険料など

④ 発生経費：棚卸減耗費など

７－２ 経費の計算

消費額の計算方法の違いから分類した各経費の計算は，次のように行う。

① **支払経費** 実際に支払った金額により，その月の消費額を計算する経費である。ただし，前払額や未払額がある場合には，次式による調整のうえ消費額を計算する。

当月消費額＝当月支払額＋前月前払額－前月未払額－当月前払額＋当月未払額

② **測定経費** メーターなどの測定器による測定値をもとに計算した金額により，その月の消費額を計算する経費である。支払額を用いない理由は，これら測定経費の支払額が毎月１日から末日までの原価計算期間に対応していないことが多いためである。

③ **月割経費** １年分または数か月分を単位に支払った金額を，月割りにすることによってその月の消費額を計算する経費である。

④ **発生経費** 実際の発生額をもってその月の消費額とする経費である。

例題７－１

次の資料に基づいて，支払経費に関する当月消費額を求めなさい。

〈資料〉 (単位：円)

	(1) 通信費	(2) 外注加工賃	(3) 修繕費
当月支払額	85,000	115,000	78,000
前月前払額	8,000	—	—
前月未払額	—	28,000	8,000
当月前払額	—	21,000	—
当月未払額	6,000	—	9,500
当月消費額	( )	( )	( )

解　答

当月消費額＝当月支払額＋前月前払額－前月未払額－当月前払額＋当月未払額 の計算式に従って計算する。

(1) 通信費　　　　¥85,0000＋¥8,000＋¥6,000＝¥99,000
(2) 外注加工賃　　¥115,000－¥28,000－¥21,000＝¥66,000
(3) 修繕費　　　　¥78,000－¥8,000＋¥9,500＝¥79,500

第7章の問題

7.1　代々木電機における次の資料に基づいて，各経費の当月消費額を求めなさい。

(1) 外注加工賃
　　当月支払額：¥200,000　　前月前払額：¥45,000　　当月前払額：¥55,000
(2) 保管料
　　当月支払額：¥120,000　　前月未払額：¥15,000　　当月未払額：¥20,000
(3) 修繕料
　　当月支払額：¥450,000　　前月前払額：¥45,000　　当月未払額：¥55,000
(4) 保険料
　　¥150,000（6カ月分）
(5) 減価償却費
　　¥1,800,000（年間予定額）
(6) 電力料
　　当月支払額：¥300,000　　当月消費量：2,000kw時　　消費単価：¥140/kw時
(7) 棚卸減耗費
　　棚卸数量：1,200個　　実地棚卸数量：1,182個　　材料消費価格：＠¥450

第8章

製造間接費の計算

8－1 製造間接費の意義

　製造間接費とは複数の製品を製造するために共通して消費され，したがって製品別に直接的には把握・集計できない製造原価であり，間接材料費，間接労務費および間接経費から構成される。

　直接材料費，直接労務費および直接経費といった製造直接費は製品別にどれくらい消費されたかがわかるため，製品原価を計算するために各製品に直接割り当てる（これを「賦課」という）ことができる。

　一方，製造間接費は製品別にどれくらい消費されたかがわからないため，製品原価を計算するためには何らかの基準を用いて各製品に配分（これを「配賦」という）しなければならない。

8－2 製造間接費の製品への配賦

(1) **製造間接費配賦額の計算**

　製造間接費を製品に配賦する場合，その配賦額は次式で計算される。

① 配賦率＝$\dfrac{一定期間の製造間接費発生額}{同期間の配賦基準数値総計}$

② 配賦額＝配賦率×各製品の配賦基準数値

(2) **製造間接費の配賦基準**

製造間接費を各製品に配賦するための基準を配賦基準という。製造間接費は，この配賦基準によって各製品に割り当てられていくため，配賦基準は製造間接費の発生と比例関係にあり，実務上経済的に求められる数値であることが必要である。

配賦基準の数値には，直接材料費や直接労務費，素価（直接材料費＋直接労務費）といった価額に関する基準のほか，直接作業時間や機械運転時間といった時間基準，生産量や重量といった物量に関する基準もある。

価額基準と時間基準による配賦率と配賦額を示すと次のとおりである。

① 価額基準

(a) 直接材料費

$$配賦率 = \frac{製造間接費発生額}{直接材料費合計}$$

配賦額＝配賦率×各製品の直接材料費

(b) 直接労務費

$$配賦率 = \frac{製造間接費発生額}{直接労務費合計}$$

配賦額＝配賦率×各製品の直接労務費

(c) 素価（直接材料費＋直接労務費）

$$配賦率 = \frac{製造間接費発生額}{直接材料費合計＋直接労務費合計}$$

配賦額＝配賦率×各製品の直接材料費と直接労務費

② 時間基準

(a) 直接作業時間

$$配賦率 = \frac{製造間接費発生額}{直接作業時間合計}$$

配賦額＝配賦率×各製品の直接作業時間

(b) 機械運転時間

$$配賦率 = \frac{製造間接費発生額}{機械運転時間合計}$$

配賦額=配賦率×各製品の機械運転時間

例題 8 - 1

次の資料に基づいて(1)直接材料費, (2)直接労務費, (3)素価を配賦基準とした場合, それぞれの製造間接費の配賦率および製品Aの配賦額を求めなさい。なお, 当社では複数の製品を製造している。

〈資料〉
① 当月の製造間接費発生額　¥3,600,000
② 当月の直接材料費　¥6,000,000
③ 当月の直接労務費　¥4,000,000
④ 製品Aの直接材料費　¥3,200,000
⑤ 製品Aの直接労務費　¥2,400,000

解 答

当社では, 配賦基準として価額基準が使用されている。

(1) 配賦率 = $\dfrac{¥3,600,000}{¥6,000,000}$ = 0.6

　　製品Aの配賦額 = 0.6 × ¥3,200,000 = ¥1,920,000

(2) 配賦率 = $\dfrac{¥3,600,000}{¥4,000,000}$ = 0.9

　　製品Aの配賦額 = 0.9 × ¥2,400,000 = ¥2,160,000

(3) 配賦率 = $\dfrac{¥3,600,000}{¥6,000,000+¥4,000,000}$ = 0.36

　　製品Aの配賦額 = 0.36 ×（¥3,200,000+¥2,400,000）= ¥2,016,000

例題8-2

次の資料に基づいて(1)直接作業時間, (2)機械運転時間を配賦基準とした場合, それぞれの製造間接費の配賦率および製品Bの配賦額を求めなさい。なお, 当社では複数の製品を製造している。

〈資料〉
① 当月の製造間接発生額　　¥3,600,000
② 当月の直接作業時間　　　5,000時間
③ 当月の機械運転時間　　　4,000時間
④ 製品Bの直接作業時間　　3,000時間
⑤ 製品Bの機械運転時間　　2,500時間

解　答

当社では, 配賦基準に時間基準が使用されている。

(1) 配賦率＝$\dfrac{¥3,600,000}{5,000時間}$＝¥720／時間

製品Bの配賦額＝¥720／時間×3,000時間＝¥2,160,000

(2) 配賦率＝$\dfrac{¥3,600,000}{4,000時間}$＝900／時間

製品Bの配賦額＝¥900／時間×2,500時間＝¥2,250,000

8-3 製造間接費の実際配賦と予定配賦

(1) 製造間接費の実際配賦とその問題点

一定期間に実際に発生した製造間接費を各製品に配賦することを製造間接費の実際配賦という。製造間接費の実際配賦では, まず製造間接費実際配賦率を計算し, この配賦率に各製品の実際配賦基準数値を乗じて製造間接費実際配賦額を計算する。

① 製造間接費実際配賦率＝$\dfrac{一定期間の製造間接費実際発生額}{同期間の実際配賦基準数値総計}$

② 製造間接費実際配賦額＝製造間接費実際配賦率×各製品の実際配賦基準数値

　しかし，製造間接費を実際配賦した場合には，計算の遅延および操業度の変動による製品単位原価の変化といった2つの問題が生じる。

　実際配賦の場合，原価計算期間末にならないと製造間接費の実際発生額が把握できず，製品原価も原価計算期間末にならないと計算できないため計算の遅延が生じる。

　また，製造間接費は変動費と固定費から構成されるが，生産量などの操業度が上がると固定費を多量の製品で負担するため製品単位原価は下がる。逆に操業度が下がれば固定費を少量の製品で負担しなければならず，製品単位原価は上がってしまう。

　このように操業度の変動によって製品単位原価が変化してしまうと，原価計算目的である価格決定や原価管理に必要な原価情報の提供に対して支障が生じることになる。

(2) 製造間接費の予定配賦

　製造間接費の実際配賦には上述のような問題点があるため，これを克服するために考案されたのが予定配賦である。予定配賦率を用いることにより，原価計算期間末を待たずに製品原価を迅速に計算することが可能となる。

　また，予定配賦率を用いることにより配賦率が一定となり，操業度が変動しても製品単位原価は変動しない。同時に，製造間接費の予定配賦額と実際発生額とを比較して差異分析をすることにより，原価管理に役立てることもできる。

(3) 製造間接費の予定配賦額の計算

　製造間接費の予定配賦では，まず製造間接費予定配賦率を計算し，この配賦率に各製品の実際配賦基準数値を乗じて製造間接費予定配賦額を計算する。

　① 製造間接費予定配賦率＝$\dfrac{\text{一定期間の製造間接費予算額}}{\text{同期間の予定配賦基準数値総計}}$

　② 製造間接費予定配賦額＝製造間接費予定配賦率×各製品の実際配賦基準数値

製造間接費予定配賦率を計算する際の分母となる予定配賦基準数値は基準操業度とも呼ばれる。この基準操業度には理論的生産能力，実際的生産能力，平均操業度，期待実際操業度の4つのものが考えられてきた。

　理論的生産能力とは理想的な操業状態で達成可能な，理論上計算できる操業水準である。したがって，現実的には達成不可能な水準といえる。そして実際的生産能力とは，この理論的生産能力から，機械の修繕や工具の休暇など不可避的な作業休止による生産量の減少分を差し引いて算定した実現可能な操業水準のことである。

　しかし，これらの生産能力は工場での生産面のみから算定したものであり，生産すれば必ず販売できるという仮定で算定された操業水準である。そこで，製品の販売面をも考慮した操業水準として平均操業度や期待実際操業度があげられる。「平均操業度」は，季節的変動や景気変動など需要の変化による生産量の変化を長期的に平均した操業水準のことであり，「期待実際操業度」は次年度に予測される操業水準のことである。

例題8－3

　次の資料に基づいて，基準操業度として，(1)実際的生産能力，(2)平均操業度を選択した場合，それぞれの予定配賦率と予定配賦額を求めなさい。なお，当社では配賦基準として直接作業時間を使用している。

〈資料〉
(1) 当月の実際的生産能力　　　50,000時間（直接作業時間）
(2) 当月の平均操業度　　　　　40,000時間（直接作業時間）
(3) 当月の製造間接費予算
　① ¥15,000,000（直接作業時間：50,000時間）
　② ¥13,600,000（直接作業時間：40,000時間）
(4) 当月の実際直接作業時間　　42,000時間

> **解　答**

(1) 実際的生産能力を基準操業度とする場合

$$予定配賦率 = \frac{¥15,000,000}{50,000時間} = ¥300／時$$

予定配賦額＝¥300／時×42,000時間＝¥12,600,000

(2) 平均操業度を基準操業度とする場合

$$予定配賦率 = \frac{¥13,600,000}{40,000時間} = ¥340／時$$

予定配賦額＝¥340／時×42,000時間＝¥14,280,000

8－4 固定予算と変動予算

　製造間接費予定配賦率の分子には，先にみたように製造間接費予算額が使われる。この製造間接費予算額は，設定した基準操業度における製造間接費の予定発生額である。製造間接費予算額はその実際発生額と比較することによって原価管理に用いられるが，この製造間接費予算は固定予算と変動予算に大別される。

(1) **固定予算**

　固定予算は，次期の予算設定の際の基準となる基準操業度のみに基づいて設定される予算である。

　したがって，固定予算では，実際操業度が事前に設定した基準操業度と異なった場合でも，基準操業度のもとでの予算額と，実際操業度のもとでの製造間接費実際発生額とを比較することになる。

(2) **変動予算**

　変動予算は，次期に予想される製造間接費予算を基準操業度に基づいて設定される予算のみに固定せず，実際操業度の変化に応じた製造間接費予算額を事前に算定した予算である。

したがって，変動予算では，ある操業度のもとでの製造間接費の実際発生額と，その操業度のもとでの製造間費予算額を比較することが可能となる。この変動予算はさらに，公式法変動予算と多桁式変動予算とに分けられる。

(3) 公式法変動予算

公式法変動予算では予算を固定費部分と変動費部分に分ける。そして，製造間接費予算額をy，操業度をx，操業度単位あたりの変動費（変動費率）をa，固定費をbとして，製造間接費予算額yを次のように表わす。

$$y = ax + b$$

たとえば，変動費率￥100，固定費￥2,400,000，基準操業度12,000時間とすると，基準操業度における製造間接費予算額は，￥100×12,000時間＋￥2,400,000＝￥3,600,000と求められる。

(4) 多桁式変動予算

多桁式変動予算では，基準操業度（たとえば図表8-1では90％）を中心としてその周辺に予想される範囲の操業度を一定間隔で設定し，それらの操業度に対応する製造間接費予算を費目別に設定する。例を示すと図表8-1のとおりである。

図表8-1 多桁式変動予算

（単位：千円）

直接作業時間	7,000時間	8,000時間	9,000時間	10,000時間	11,000時間
操 業 度	70%	80%	90%	100%	110%
補 助 材 料 費	125,000	146,000	165,000	180,000	197,000
間 接 工 賃 金	111,000	130,000	146,000	160,000	177,000
給 料	220,000	220,000	240,000	240,000	260,000
減 価 償 却 費	150,000	150,000	150,000	150,000	150,000
火 災 保 険 料	40,000	40,000	40,000	40,000	40,000
賃 借 料	36,000	36,000	36,000	36,000	36,000
租 税 公 課	22,000	24,000	26,000	28,000	30,000
雑 費	11,800	12,500	15,600	16,000	17,200
合 計	715,800	758,500	818,600	850,000	907,200

8-5 ■製造間接費配賦差異の計算と差異分析

製造間接費を予定配賦した場合には，通常，製造間接費の予定配賦額と実際発生額との間に差異が生じる。この差異を製造間接費配賦差異と呼ぶが，この差異はさらに予算差異と操業度差異とに分けられる。

予算差異は，製造間接費の実際発生額が実際操業度における予算額と異なることから発生する差異である。予算差異は，実際操業度における予算額を効率的に使用できたのかどうかを示す差異である。したがって，実際発生額が予算額を上回った（効率的に使用できなかった）場合は不利差異となり，逆に，実際発生額が予算額を下回った（効率的に使用した）場合は有利差異となる。

また，操業度差異は，実際操業度が基準操業度と異なったことから発生する差異であり，製造間接費の予定配賦額と実際操業度における予算額の差額として計算される。操業度差異は，工場の生産設備の利用度の違いから生じる差異である。したがって，実際操業度が基準操業度を下回った（生産設備の利用度が低かった）場合には不利差異となり，逆に，実際操業度が基準操業度を上回った（生産設備の利用度が高かった）場合には有利差異となる。

次に，製造間接費配賦差異について固定予算と公式法変動予算の場合に分けてみていくこととする。

(1) 固定予算の差異分析

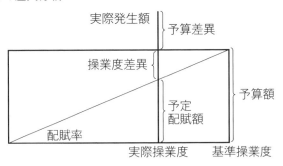

予算差異＝予算額－実際発生額

操業度差異＝(実際操業度－基準操業度)×配賦率

(2) 公式法変動予算の差異分析

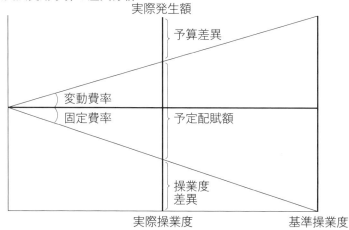

予算差異＝(実際操業度における変動費の予定配賦額＋固定費の予算額)
　　　　－実際発生額

操業度差異＝(実際操業度－基準操業度)×固定費率

例題8－4

　次の製造間接費に関する資料に基づいて，(1)固定予算，(2)公式法変動予算による製造間接費配賦差異の差異分析を行いなさい。なお，当社の公式法変動予算の変動費率は¥200とする。

〈資料〉
(1) 製造間接費予算
　① 月間の基準操業度（直接作業時間）　5,000時間
　② 基準操業度における製造間接費　¥2,500,000
(2) 製造間接費実績
　① 実際直接作業時間　4,900時間
　② 実際製造間接費発生額　¥2,550,000

解 答

(1) 固定予算

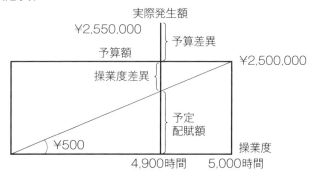

製造間接費配賦差異　　4,900時間 × $\dfrac{¥2,500,000}{5,000時間}$ − ¥2,550,000

　　　　　　　　　　　＝ − ¥100,000（不利差異）

予算差異　　¥2,500,000 − ¥2,550,000 = − ¥50,000（不利差異）

操業度差異　　（4,900時間 − 5,000時間）× ¥500 = − ¥50,000（不利差異）

(2) 公式法変動予算

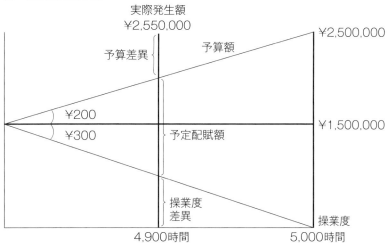

製造間接費配賦差異　　4,900時間 × $\dfrac{¥2,500,000}{5,000時間}$ − ¥2,550,000

　　　　　　　　　　= − ¥100,000（不利差異）

予算差異　（4,900時間 × ¥200 + 5,000時間 × ¥300）− ¥2,550,000

　　　　　　= − ¥70,000（不利差異）

操業度差異　（4,900時間 − 5,000時間）×（¥500 − ¥200）= − ¥30,000（不利差異）

8−6 配賦差異の処理

　上述したように，製造間接費を予定配賦した場合には，通常，製造間接費の予定配賦額と実際発生額との間に配賦差異が生じる。この配賦差異は各月末には繰延処理を行い，会計年度末に当年度の売上原価に賦課することを原則とする。すなわち，配賦差額が不利差異であれば売上原価に加え，有利差異であれば控除する。

第8章の問題

8.1　大久保自転車工業における次の資料に基づいて，(1)直接労務費，(2)機械運転時間を配賦基準として使用した場合の製造間接費の配賦率と製造指図書別の配賦額を求めなさい。なお，当月の製造間接費実際発生額は¥9,000,000である。

〈資料〉

	直接労務費	機械運転時間
製造指図書#101	¥810,000	9,320時間
製造指図書#102	¥930,000	10,600時間
製造指図書#103	¥760,000	10,080時間
合　　計	¥2,500,000	30,000時間

(1)　直接労務費を配賦基準とした場合

　① 配賦率

② 配賦額

指図書#101	
指図書#102	
指図書#103	

(2) 機械運転時間を配賦基準とした場合
① 配賦率

② 配賦額

指図書#101	
指図書#102	
指図書#103	

8.2 中野精密における次の資料に基づいて，基準操業度として(1)実際的生産能力，(2)平均操業度を選択した場合，(a)当月の製品への配賦額，(b)固定予算による製造間接費差異分析，(c)公式法変動予算による製造間接費差異分析を示しなさい。

〈資料〉
(1) 基準操業度
① 実際的生産能力　28,800時間
② 平均操業度　23,040時間
(2) 製造間接費の年間予算額
① 固定費　¥28,800,000
② 変動費　¥11,520,000
(3) 当月の実績
① 製造間接費発生高
　　固定費　¥2,400,000
　　変動費　¥1,000,000
② 直接作業時間　1,800時間

(1) 実際的生産能力
　(a) 製品配賦額　[　　　　　　　　　　　　]
　(b) 固定予算による差異分析

総差異	
予算差異	
操業度差異	

　(c) 変動予算による差異分析

総差異	
予算差異	
操業度差異	

(2) 平均操業度
　(a) 製品配賦額　[　　　　　　　　　　　　]
　(b) 固定予算による差異分析

総差異	
予算差異	
操業度差異	

　(c) 変動予算による差異分析

総差異	
予算差異	
操業度差異	

第9章

原価の部門別計算

9－1 ■部門別計算の意義と目的

　原価の部門別計算とは，費目別計算において把握された製造原価を原価部門別に分類集計する手続のことである。なお，原価部門（cost departments）とは，機械加工部門や組立部門，工場事務部門など，原価を集計する計算組織上の区分である。

　ここで，なぜ原価を部門別に計算するのかを考えてみたい。

　原価計算の目的として財務諸表の作成や価格計算，原価管理，予算編成および予算統制のために必要な原価情報の提供があげられた。こうした目的を達成するためには当然，製品原価は正確に計算されなければならない。

　しかし，製品原価を構成する製造間接費は，そもそも製品別にどれくらい消費されたかがわからないために，適切な配賦基準を使って配賦したわけである。したがって，そこに完全な正確性を求めるのは困難といえる。ただし，製品原価の正確性はできるだけ追求しなければならない。

　まず，企業の規模が小さく単純な加工作業のみを行う企業を考える。たとえば，経営者一人で自転車の構成部品2種類のみを手作業で加工する企業では，製造間接費の製品への配賦は直接作業時間などたった1つの配賦基準で配賦しても，2種類の製品原価の正確性は概ね確保できる。

　このように，製造間接費をたった1つの配賦基準によって製品に配賦する方法を製造間接費の総括配賦という。

　次に，この企業が成長して規模も拡大し，扱い部品の種類も多様化して手加工だけではなく機械加工も手掛けるようになると，従来どおりの原価計算では製品原価の正確性は確保できなくなる。

たとえば，機械による加工が中心の部門では，製造間接費は機械運転時間で製品に配賦した方が合理的であろうし，人手作業が中心の部門では製造間接費は直接工の直接作業時間で配賦した方が合理的であろう。つまり，各部門での製造間接費の発生の仕方に応じた適切な配賦基準を使った方が，より正確な製品原価の計算が可能になるからである。

　このように，部門別計算を行って製造間接費を製品に配賦する方法を製造間接費の部門別配賦という。

　これらの事例からわかるように，製造間接費を部門別に計算する第1の目的として，正確な製品原価の計算を行うことがあげられる。しかし，正確な製品原価を計算するためには製造間接費だけを部門に集計すればよく，製造直接費を部門別に集計する必要はない。製造直接費はそもそも製品別にどれくらい消費されたかがわかるからである。製造間接費を部門別に計算する第2の目的として，原価管理が登場する。

　原価を管理するためには，発生した製造原価を総額で管理するよりも，その原価が発生した場所の単位，すなわち部門ごとに管理した方がより詳細な原価情報の入手と管理が可能となる。たとえば工場が機械加工部門と組立部門で構成される場合，工場全体で発生する原価を総額で管理するよりも，機械加工部門と組立部門それぞれで発生した原価を管理した方が，どこの部門でどれだけのムダが生じたかなど，原価管理をより詳細に行えることになる。

　なお，ここまでは製造間接費が発生する場所の単位を部門として示したが，この部門別計算は個別原価計算を行う場合に用いる用語である。総合原価計算では原価が発生する場所の単位を工程と呼び，個別原価計算の部門別計算は総合原価計算では工程別計算という。

9-2■原価部門の設定

(1) **原価部門の設定単位**

　工場では製品の製造をより効率的に行うために，異なる作業区分ごとに部門が設定される。正確な製品原価を計算するためには，先にみたように製造間接

費の発生の仕方が異なる作業区分ごとに設定することが合理的である。

一方，原価管理のためには，原価部門は工場の組織上の責任や権限と一致するように設定することが望ましい。そこで，原価部門は正確な製品原価の計算と原価管理といった2つの目的を考慮して設定しなければならない。

また，正確な製品原価の計算や効果的な原価管理を行うためには原価部門を多数設定する必要がある。しかし，部門の数が多いほど手間やコストもかかるため，企業規模や計算の経済性なども考慮して原価部門の数を決定するべきであろう。

(2) 原価部門の分類

原価部門は製造部門と補助部門に区分される。製造部門とは製造活動に直接従事する部門をいい，自転車製造工場では機械加工部門，塗装部門，組立部門などの部門がある。副産物の加工，包装品の製造などを行う，いわゆる副経営は製造部門とする。

それに対して，補助部門とは製品の製造に直接従事することはないが，製造部門や他の補助部門の活動が円滑に行われるよう，自部門のサービスを提供する部門である。補助部門はさらに補助経営部門と工場管理部門に分かれる。

補助経営部門は主に製造部門に対して直接サービスを提供する部門をいい，材料倉庫部門，動力部門，運搬部門，修繕部門などがある。また，工場管理部門は工場全体の管理活動を行う部門をいい，労務部門，工場事務部門などがある。

9-3 ■部門費の計算手続

部門別計算は，通常，2段階の計算手続を経て行われる。

第1段階は部門別計算の対象となる原価を，後述する部門個別費と部門共通費とに区分し，その発生に関連する各原価部門へ集計する手続であり，この計算手続を製造間接費の第1次集計という。

第2段階は第1次集計で補助部門に集計された原価を製造部門に集計する手続であり，この計算手続を製造間接費の第2次集計という。

部門別に集計する原価の範囲は，採用する原価計算の形態や部門別計算を行う目的によって異なるが，以下では個別原価計算を採用して正確な製品原価の計算を目的とした部門別原価計算について説明していく。すなわち，以下の計算では，製造間接費だけが部門別に計算される。これらの計算手続を示したのが図表9-1である。

図表9-1　部門別計算の2段階の計算手続

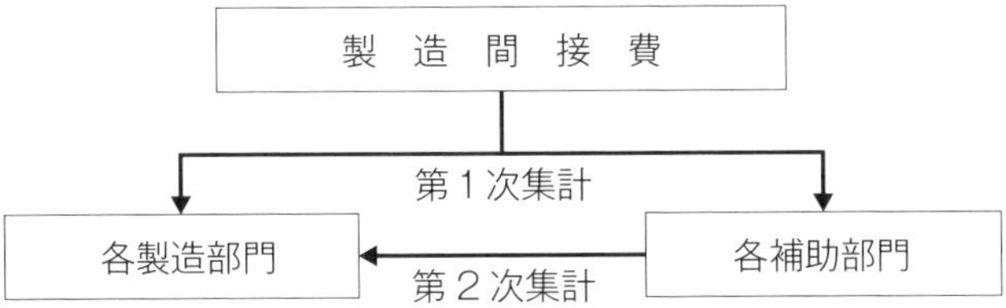

```
           製 造 間 接 費
         ／              ＼
        ↓   第1次集計    ↓
  各製造部門  ←――――――  各補助部門
              第2次集計
```

9－4 ■製造間接費の部門別集計 (製造間接費の第1次集計)

(1) 部門個別費と部門共通費

　製造間接費を部門ごとに集計する場合，まず製造間接費を原価部門との関連に基づいて部門個別費と部門共通費に区分する。部門個別費とは，どの部門で発生したかを直接に認識できる製造間接費であり，各部門で直接に発生したことが認識できる間接材料費，各部門に属する間接工賃金，職員の給料などがその例としてあげられる。

　一方，部門共通費とは複数の部門に共通的に発生するため，どの部門で発生したかを直接には認識できない製造間接費のことであり，工場長の給料，同一の建物内に複数の部門を設定している場合の建物の減価償却費や火災保険料などが，その例としてあげられる。

(2) 部門費の集計

　部門個別費はその発生額を発生した部門に直接に賦課するが，部門共通費はその発生額を関係部門に集計するためには，何らかの基準を用いて各部門に配分しなければならない。この配分手続を部門共通費の配賦という（図表9-2）。

図表9-2 製造間接費の第1次集計

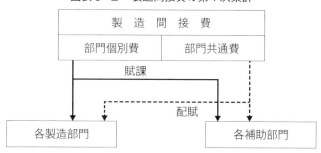

部門共通費の配賦率および配賦額は，次式で計算される。

$$配賦率 = \frac{一定期間の部門共通費発生額}{同期間の配賦基準数値総計}$$

配賦額＝配賦率×各部門の配賦基準数値

なお，部門共通費の配賦基準としては，各費目別に図表9-3のようなものがある。

図表9-3 部門共通費と配賦基準の例

部門共通費	配賦基準
建物減価償却費	各部門の建物占有面積
建物保険料	〃
建物固定資産税	〃
機械保険料	各部門の機械帳簿価額
電力料	各部門の電力使用量
間接労務費	各部門の従業員数
法定福利費	各部門の従業員数

例題9－1

　当工場の次の資料に基づいて，部門共通費¥6,500,000（間接労務費¥2,000,000,建物減価償却費¥4,000,000, 機械保険料¥500,000）を各部門に配賦しなさい。

〈資料〉

	合計	機械加工部門	組立部門	動力部門	工場事務部門
従業員数	400人	120人	180人	60人	40人
建物占有面積	2,000㎡	1,000㎡	600㎡	300㎡	100㎡
機械帳簿価額	20,000千円	10,000千円	6,000千円	4,000千円	―

解　答

(1) 間接労務費の配賦計算

　　間接労務費は，従業員数を配賦基準として配賦する。

　① 配賦率：¥2,000,000÷400人＝¥5,000／人

　② 配賦額

　　・機械加工部門：¥5,000／人×120人＝¥600,000

　　・組　立　部　門：¥5,000／人×180人＝¥900,000

　　・動　力　部　門：¥5,000／人× 60人＝¥300,000

　　・工場事務部門：¥5,000／人× 40人＝¥200,000

(2) 建物減価償却費の配賦計算

　　建物減価償却費は，建物占有面積を配賦基準として配賦する。

　① 配賦率：¥4,000,000÷2,000㎡＝¥2,000／㎡

　② 配賦額

　　・機械加工部門：¥2,000／㎡×1,000㎡＝¥2,000,0000

　　・組　立　部　門：¥2,000／㎡× 600㎡＝¥1,200,0000

　　・動　力　部　門：¥2,000／㎡× 300㎡＝¥ 600,0000

　　・工場事務部門：¥2,000／㎡× 100㎡＝¥ 200,0000

(3) 機械保険料の配賦計算

　　機械保険料は，機械帳簿価額を配賦基準として配賦する。

　① 配賦率：¥500,000÷20,000千円＝¥25／千円

　② 配賦額

　　・機械加工部門：¥25／千円×10,000千円＝¥250,000

　　・組立部門　　：¥25／千円× 6,000千円＝¥150,000

・動力部門　：¥25／千円× 4,000千円＝¥100,000
　以上をまとめると次表のとおりである。

部門共通費		機械加工部門	組立部門	動力部門	工場事務部門
間接労務費	2,000,000	600,000	900,000	300,000	200,000
建物減価償却費	4,000,000	2,000,000	1,200,000	600,000	200,000
機械保険料	500,000	250,000	150,000	100,000	－
合　計	6,500,000	2,850,000	2,250,000	1,000,000	400,000

9－5　補助部門費の製造部門への配賦（製造間接費の第2次集計）

(1)　補助部門の役割と製造部門への配賦

　製造間接費はそもそも製品別にどれくらい消費されたかがわからないが，製品を製造するために消費された原価であることは間違いないため，適切な配賦基準を使って製品に配賦するのである。そして，この配賦計算をできるだけ正確に行うために，製造間接費の部門別計算を行うことになる。

　ここで製造部門と補助部門の役割を再度確認しておく。

　製造部門は製品の製造活動に直接従事する部門である。したがって，各製品が製造部門のサービスをどの程度利用したのかその関係は明確であり，そのサービスの利用度に応じて製品別に配賦すればよい。

　一方，補助部門は製品の製造に直接従事することはないため，製品との間に関係性を見出すのは困難である。

　しかし，補助部門は製造部門や他の補助部門に対して自部門のサービスを提供しているため，特定の補助部門と製造部門および他の補助部門との間に関係性を見出すことは可能である。

　部門費の第1次集計が終わると，すべての製造間接費は製造部門と補助部門に集計される。そこで，補助部門に集計された製造間接費はそのままでは製品に配賦することができないため，まず自らのサービスを提供した製造部門や他の補助部門に対して，そのサービスの提供度に応じて補助部門費を配賦する。そして，すべての補助部門費を製造部門に集計した後，製造部門から製品に配

賦するのである。つまり，補助部門に集計された製造間接費はいったん製造部門に集計され，回り道をして製品に配賦されるのである。これは当然，正確な製品原価を算定するためである。

補助部門費を製造部門に配賦する配賦方法には，補助部門間のサービスの授受をどのように処理するかによって，直接配賦法，階梯式配賦法，相互配賦法がある。次にこれらの配賦方法についてみていくこととする。

(2) **直接配賦法**

直接配賦法とは，補助部門間のサービスの授受を計算上無視し，補助部門のサービスを製造部門に対してのみ提供したと仮定して配賦を行う方法である。

例題9-2

次の資料に基づいて，補助部門費を直接配賦法で製造部門に配賦しなさい。

〈資料〉

	合 計	機械加工部門	組立部門	材料倉庫部門	動力部門	工場事務部門
部門費 (円)	9,000,000	3,512,120	2,709,880	1,890,000	600,000	288,000
配賦基準量						
材料出庫額 (万円)	1,500	680	520	—	300	—
動力消費量 (kwh)	500,000	200,000	200,000	100,000	—	—
従業員数 (人)	230	56	64	30	50	30

解 答

(1) 材料倉庫部門費の配賦計算
① 配賦率：¥1,890,000÷(680万円+520万円)=¥1,575／万円
② 配賦額
・機械加工部門への配賦額：¥1,575／万円×680万円=¥1,071,000
・組立部門への配賦額：¥1,575／万円×520万円=¥819,000

(2) 動力部門費の配賦計算
　① 配賦率：¥600,000÷(200,000kwh+200,000kwh)=¥1.5／kwh
　② 配賦額
　　・機械加工部門への配賦額：¥1.5／kwh×200,000kwh=¥300,000
　　・組立部門への配賦額：¥1.5／kwh×200,000kwh=¥300,000
(3) 工場事務部門費の配賦計算
　① 配賦率：¥288,000÷(56人+64人)=¥2,400／人
　② 配賦額
　　・機械加工部門への配賦額：¥2,400／人×56人=¥134,400
　　・組立部門への配賦額：¥2,400／人×64人=¥153,600

製造間接費部門別配賦表

	合計	製造部門		補助部門		
		機械加工部門	組立部門	材料倉庫部門	動力部門	工場事務部門
部門費	9,000,000	3,512,120	2,709,880	1,890,000	600,000	288,000
材料倉庫部門費	1,890,000	1,071,000	819,000			
動力部門費	600,000	300,000	300,000			
工場事務部門費	288,000	134,400	153,600			
製造部門費		5,017,520	3,982,480			

(3) **階梯式配賦法**

　階梯式配賦法とは，補助部門間のサービスの授受を計算上一部認めるとともに補助部門間に順位を決め，順位の高い補助部門から順位の低い補助部門へと配賦を行う方法である。

　順位の決定にあたっては，第1に，自部門のサービスの提供先である他の補助部門の数が多い補助部門をより高い順位とする。第2に，自部門のサービスの提供先が同数の補助部門が複数ある場合には，補助部門の部門費の金額がより多い補助部門をより高い順位とする。

例題9-3

例題9-2の資料に基づいて，補助部門費を階梯式配賦法で製造部門に配賦しなさい。

解 答

まず，補助部門間の順位づけを行う。

1. サービスの提供先の数をみると，工場事務部門は材料倉庫部門と動力部門の2部門，動力部門は材料倉庫部門の1部門，材料倉庫部門は動力部門の1部門である。したがって，第1順位は工場事務部門になり，第2順位は動力部門と材料倉庫部門で同数である。
2. 動力部門と材料倉庫部門について部門費の金額をみると，材料倉庫部門¥1,890,000，動力部門¥600,000である。したがって，第2順位が材料倉庫部門，第3順位が動力部門になる。

   (1) 工場事務部門費の配賦計算

   ① 配賦率：¥288,000÷（56人+64人+50人+30人）=¥1,440／人

   ② 配賦額
   - 機械加工部門への配賦額：¥1,440／人×56人=¥80,640
   - 組立部門への配賦額：¥1,440／人×64人=¥92,160
   - 動力部門への配賦額：¥1,440／人×50人=¥72,000
   - 材料倉庫部門への配賦額：¥1,440／人×30人=¥43,200

   (2) 材料倉庫部門費の配賦計算

   ① 配賦率：（¥1,890,000+¥43,200）÷（680万円+520万円+300万円）
   =¥1,288.8／万円

   ② 配賦額
   - 機械加工部門への配賦額：¥1,288.8／万円×680万円=¥876,384
   - 組立部門への配賦額：¥1,288.8／万円×520万円=¥670,176
   - 動力部門への配賦額：¥1,288.8／万円×300万円=¥386,640

   (3) 動力部門費の配賦計算

   ① 配賦率：（¥600,000+¥72,000+¥386,640）÷（200,000kwh+200,000kwh）
   =¥2.6466/kwh

   ② 配賦額
   - 機械加工部門への配賦額：¥2.6466／kwh×200,000kwh=¥529,320
   - 組立部門への配賦額：¥2.6466／kwh×200,000kwh=¥529,320

製造間接費部門別配賦表

	合計	製造部門		補助部門		
		機械加工部門	組立部門	動力部門	材料倉庫部門	工場事務部門
部門費	9,000,000	3,512,120	2,709,880	600,000	1,890,000	288,000
工場事務部門費		80,640	92,160	72,000	43,200	
材料倉庫部門費		876,384	670,176	386,640	1,933,200	
動力部門費		529,320	529,320	1,058,640		
製造部門費		4,998,464	4,001,536			

(4) 相互配賦法

相互配賦法とは，補助部門間のサービスの授受を計算上認め，各補助部門から製造部門や他の補助部門にサービスが提供された場合には，補助部門費をサービスを提供した製造部門や他の補助部門に配賦する方法である。本来の相互配賦法では，他の補助部門からの配賦額がゼロになるまで配賦計算を繰り返していくことになる。相互配賦法には，連続配賦法，連立方程式法，簡便法などがある。

ここでは，第１次配賦では相互配賦法を行い，第２次配賦では直接配賦法を行う簡便法についてのみ説明する。

例題９－４

例題９-2の資料に基づいて，補助部門費を相互配賦法で製造部門に配賦しなさい。

解 答

【第１次配賦】
(1) 材料倉庫部門費の配賦計算
① 配賦率：¥1,890,000÷（680万円＋520万円＋300万円）＝¥1,260／万円
② 配賦額
・機械加工部門への配賦額：¥1,260／万円×680万円＝¥856,800
・組立部門への配賦額：¥1,260／万円／×520万円＝¥655,200

・動力部門への配賦額：¥1,260／万円×300万円=¥378,000
(2) 動力部門費の配賦計算
① 配賦率：¥600,000÷(200,000kwh+200,000kwh+100,000kwh)=¥1.2／kwh
② 配賦額
・機械加工部門への配賦額：¥1.2／kwh×200,000kwh=¥240,000
・組立部門への配賦額：¥1.2／kwh×200,000kwh=¥240,000
・材料倉庫部門への配賦：¥1.2／kwh×100,000kwh=¥120,000
(3) 工場事務部門費の配賦計算
① 配賦率：¥288,000÷(56人+64人+50人+30人)=¥1,440／人
② 配賦額
・機械加工部門への配賦額：¥1,440／人×56人=¥80,640
・組立部門への配賦額：¥1,440／人×64人=92,160
・材料倉庫部門への配賦額：¥1,440／人×30人=¥43,200
・動力部門への配賦額：¥1,440／人×50人=¥72,000

【第2次配賦】
(1) 材料倉庫部門費の配賦計算
① 配賦率：(¥120,000+¥43,200)÷(680万円+520万円)=¥136／万円
② 配賦額
・機械加工部門への配賦額：¥136／万円×680万円=¥92,480
・組立部門への配賦額：¥136／万円×520万円=¥70,720
(2) 動力部門費の配賦計算
① 配賦率：(¥378,000+¥72,000)÷(200,000kwh+200,000kwh)=¥1.125／kwh
② 配賦額
・機械加工部門への配賦額：¥1.125／kwh×200,000kwh=¥225,000
・組立部門への配賦額：¥1.125／kwh×200,000kwh=¥225,000
(3) 工場事務部門費の配賦計算
第2次配賦はなし

製造間接費部門別配賦表

	合計	製造部門		補助部門		
		機械加工部門	組立部門	材料倉庫部門	動力部門	工場事務部門
部門費	9,000,000	3,512,120	2,709,880	1,890,000	600,000	288,000
第1次配賦						

材料倉庫部門費	1,890,000	856,800	655,200	—	378,000	—
動力部門費	600,000	240,000	240,000	120,000	—	—
工場事務部門費	288,000	80,640	92,160	43,200	72,000	—
第2次配賦				163,200	450,000	0
材料倉庫部門費	163,200	92,480	70,720			
動力部門費	450,000	225,000	225,000			
製造部門費		5,007,040	3,992,960			

9－6 予定配賦による部門別計算

　第8章でみたように，製造間接費を実際配賦した場合には，計算の遅延および操業度の変動による製品単位原価の変化といった問題が生じるため，予定配賦が考案された。この点は部門別計算を実施する場合も同様であり，予定配賦を行うことが合理的といえる。製造部門の予定配賦率および予定配賦額の計算は次のとおりである。

(1) 製造間接費の部門別集計（製造間接費の第1次集計）

① 部門共通費予定配賦率 ＝ $\dfrac{\text{一定期間の部門共通費予定発生額}}{\text{同期間の予定配賦基準数値総計}}$

② 部門共通費予定配賦額＝配賦率×配賦基準予定数値

(2) 補助部門費の製造部門への配賦（製造間接費の第2次集計）

① 補助部門費予定配賦率 ＝ $\dfrac{\text{一定期間の補助部門費予定発生額}}{\text{同期間の予定配賦基準数値総計}}$

② 補助部門費予定配賦額＝配賦率×配賦基準予定数値

　予定配賦による部門別計算は基準操業度の設定対象となる予算期間の数値によって計算されるが，計算手続そのものは実際配賦による部門別計算と変わる

ところはない。

なお，予定配賦を行う場合は，通常，実際発生額と予定配賦額が一致せずに配賦差異が生じる。この配賦差異は各月末には繰延処理を行い，会計年度末に当年度の売上原価に賦課することを原則とする。すなわち，配賦差額が不利差異であれば売上原価に加え，有利差異であれば控除する。

第9章の問題

9.1 原価を部門別に計算する目的は何ですか。簡単に説明しなさい。

9.2 千葉サイクル工業における次の資料に基づいて，製造間接費部門別配賦表を作成しなさい。

〈資料〉
(1) 部門個別費

	合　計	切削部門	組立部門	動力部門	工場事務部門
間接材料費	¥772,000	¥245,000	¥199,000	¥328,000	—
間接労務費	¥1,038,000	¥360,000	¥342,000	¥108,000	¥228,000
間接経費	¥644,000	¥172,000	¥188,000	¥198,000	¥86,000

(2) 部門共通費
　　給　　　料　　¥1,400,000
　　建物減価償却費　¥2,600,000
　　電　力　料　　¥1,200,000

(3) 配賦基準

	合　計	切削部門	組立部門	動力部門	工場事務部門
建物占有面積	1,300㎡	550㎡	450㎡	250㎡	50㎡
電力使用量	200kWh	80kWh	60kWh	40kWh	20kWh
従業員数	280人	128人	98人	42人	12人

製造間接費部門別配賦表　　　　　（単位：円）

費　目	金　額	製造部門		補助部門	
		切削部門	組立部門	動力部門	工場事務部門
部門個別費					
間接材料費					
間接労務費					
間接経費					

部門共通費						
給　　料						
建物減価償却費						
電　力　料						
部門費合計						

9.3　次の資料に基づいて，(1)直接配賦法，(2)階梯式配賦法，(3)相互配賦法（簡便法）それぞれの場合における製造間接費の部門別配賦表を作成しなさい。

〈資料〉　　　　　　　　　　　　　　　　　　　　　　　　　　　　　　（単位：円）

	合　計	製造部門		補助部門		
		機械加工部門	組立部門	動力部門	修繕部門	工場事務部門
部門費（円）	6,560,000	2,000,000	1,600,000	1,200,000	960,000	800,000
従業員数（人）	440	120	80	120	80	40
電力消費量（kwh）	100,000	60,000	20,000	—	20,000	—
修繕回数（回）	60	35	15	10	—	—

(1)　直接配賦法　　　　　　　　　　　　　　　　　　　　　　　　　　（単位：円）

	合　計	製造部門		補助部門		
部門費合計	6,560,000					

(2) 階梯式配賦法 (単位:円)

	合 計	製造部門		補助部門		
部門費合計	6,560,000					

(3) 相互配賦法(簡便法) (単位:円)

	合 計	製造部門		補助部門		
		機械加工部門	組立部門	動力部門	修繕部門	工場事務部門
部門費合計	6,560,000					

第10章

個別原価計算

10－1 ■個別原価計算の意義

　個別原価計算（job-order costing）は，種類が異なる製品を個別的に生産する生産形態に適用される原価計算の方法である。

　たとえば，対象となる製品として建設業で建設する1棟のビルディングや造船会社で建造する1隻の船などがあげられる。また，印刷・出版業で出版する100万部の月刊誌のように，一定数量単位（ロット）の製品もある。これらの製品の製造原価は，注文を受けた1単位あるいは1ロットの製品ごとに計算される。

　1棟のビルディングにしても1ロットの月刊誌にしても，これらの製品は，製造過程を通じて他の製品とは区別されて生産される。同時に，同一の製品の注文は基本的に1回限りで，再び生産されることはないという前提がある。このような生産形態をとる代表的な例としては，顧客からの注文に応じて製品を生産する受注生産形態があげられる。

　そして，こうした生産形態では顧客の注文に応じてどのように製品の生産をするかを詳細に指定した，特定製造指図書という指図書が発行される。そのひな形は図表10-1に示すとおりである。このような意味から個別原価計算は指図書別原価計算とも呼ばれる。また，製造指図書が代表する製品が1ロットの製品である場合にはロット別個別原価計算と呼ばれる。

　個別原価計算では，特定製造指図書について個別的に製造直接費および製造間接費を集計し，製品原価は当該指図書に含まれる製品の生産完了時に算定する。なお，個別原価計算には，製造間接費について部門別計算を行わない単純個別原価計算と，部門別計算を行う部門別個別原価計算とがある。

図表10-1 特定製造指図書の例

```
                     製造指図書
                          No. ____(指図書番号)_____

  製造部                  発行日 _____
  ○○課 _____    工務部 _____


  注文書No. _____  製造開始日 _____
  納入先 _____  製造終了日 _____
```

品　目	規　格	製造数量	備　考

10−2 ■単純個別原価計算の計算手続

(1) 特定製造指図書の発行と個別原価計算表の作成

　受注生産形態の企業では顧客からの注文に応じて製品の生産が開始されるが，その際，受注した製品の規格や仕様を記載した特定製造指図書が発行される。

　特定製造指図書は受注した製品の生産が終了するまでの期間にだけ有効で，同一の顧客からの注文であっても受注が行われるごとに発行される。これは，同一の顧客からでも同一の製品の注文が再び生産されることはないという前提があるからである。

　特定製造指図書に記載されている指図書番号は1単位あるいは1ロットの製品を代表する番号であり，原価の区分集計にあたって重要な意味を持つ。つまり，この特定製造指図書ごとに個別原価計算表を作成し，この個別原価計算表に当該製品を生産するために消費した直接材料費，直接労務費，直接経費および製造間接費に関わる数量や金額などを計算し，記載していくことになる。

　そのひな形は**図表10−2**に示すとおりである。

図表10-2　個別原価計算表の例

個別原価計算表

製造指図書番号：#100　　製造開始日　　×年×月 2日
製品名：甲機械　　　　　製造終了日　　×年×月20日

(単価：円)

直接材料費					直接労務費					製造原価		
日付	品名	数量	単価	金額	日付	職種	時間	賃率	金額	日付	摘要	金額
×	2	X	××	××	××	×	2	A	××	××	××	×	20	直接材料費	××
	5	Y	××	××	××		8	B	××	××	××		20	直接労務費	××
							20	C	××	××	××		20	直接経費	××
													20	製造間接費	××
				××						××			合計	××

(2) 製造直接費の集計

　個別原価計算では，特定製造指図書について個別的に製造直接費と製造間接費を区分して集計する。製造直接費は製品別にどれくらい消費されたかがわかる原価で，直接材料費，直接労務費および直接経費がある。

　そして，それぞれの原価が発生したとき，特定製造指図書番号の記載のある各原価の伝票についてはこれを製造直接費とし，当該製造指図書番号と同一の番号を有する個別原価計算表の直接材料費欄，直接労務費欄および直接経費欄にそれぞれ記載していく。

　直接材料費は当該指図書に関する実際消費量に，その消費価格を乗じて計算する。なお，自家生産材料の消費価格は，実際価格または予定価格等をもって計算する。直接労務費は，当該指図書に関する実際の作業時間にその賃率を乗じて計算する。そして，直接経費は原則として当該指図書に関する実際発生額をもって計算する。

(3) 製造間接費の配賦

　製造間接費は製品別にどれくらい消費されたかがわからない，複数の製品に共通的に発生する原価である。したがって，各原価の伝票類には製造指図書番号の記載がされない。これらの製造間接費については原価計算期末に製造間接費内訳表あるいは製造間接費配賦表を通して個別原価計算表の該当欄に記載されることになる。

製造間接費は複数の製品に共通的に発生する原価であるため，何らかの基準に基づいて製品1単位あるいは1ロットごとに配分しなければならないが，この計算手続については第8章で説明したとおりである。再度，配賦率と配賦額の計算式を以下に示す。

① 製造間接費配賦率＝$\dfrac{一定期間の製造間接費発生額}{同期間の配賦基準数値総計}$

② 製造間接費配賦額＝配賦率×各製品の配賦基準数値

このような単一の配賦基準によって製造間接費を配賦する方法を製造間接費の総括配賦と呼ぶが，この部門別計算を行わない単純個別原価計算による計算方法は，主に小規模企業向けの計算方法といえる。

例題10－1

当工場の次の資料に基づいて，直接作業時間を配賦基準とした(1)総括配賦率，(2)製品別の配賦額を求めなさい。

〈資料〉
　製造間接費：¥18,000,000
　製品別直接作業時間　　製品A：4,100時間　　製品B：3,900時間

解　答

(1) 総括配賦率の計算
　　¥18,000,000 ÷（4,100時間 ＋ 3,900時間）＝¥2,250／時間
(2) 製品別配賦額の計算
　　製品A：¥2,250／時間 × 4,100時間＝¥9,225,000
　　製品B：¥2,250／時間 × 3,900時間＝¥8,775,000

(4) 製造原価の算定

上述のような方法で計算された直接材料費，直接労務費，直接経費および製造間接費は個別原価計算表に記入される。そして製品が完成した時点で，これらを合計することで製品1単位あるいは製品1ロットの完成品原価が算定され

る。月末時点で製品が未完成の場合，この未完成品のことを仕掛品というが，この際，個別原価計算表に集計された原価は仕掛品原価になる。

例題10－2

次の資料に基づいて原価計算表を完成させなさい。なお，当社は製造間接費について直接作業時間を配賦基準とする予定配賦を行っている。本年の製造間接費予算は¥2,400,000, 予定直接作業時間数は4,000時間である。

〈資料〉

原　価　計　算　表

製造指図書番号：#101　　製造開始日　　　×年6月 3日
製品名：乙機械　　　　　　製造終了日　　　×年6月24日

(単価：円)

直接材料費					直接労務費						製造原価		
日付	品名	数量	単価	金額	日付	職種	時間	賃率	金額	日付	摘要	金額
6	3	X	10	7,000		6	3	A	25	800		6	24	直接材料費	
	10	Y	8	6,000			13	B	20	850			24	直接労務費	
							24	C	15	900			24	製造間接費	

解　答

原　価　計　算　表

製造指図書番号：#101　　製造開始日　　　×年6月 3日
製品名：乙機械　　　　　　製造終了日　　　×年6月24日

(単価：円)

直接材料費					直接労務費						製造原価		
日付	品名	数量	単価	金額	日付	職種	時間	賃率	金額	日付	摘要	金額
6　3	X	10	7,000	70,000	6　3	A	25	800	20,000	6　24	直接材料費	118,000
10	Y	8	6,000	48,000	13	B	20	850	17,000	24	直接労務費	50,500
					24	C	15	900	13,500	24	製造間接費	36,000
				118,000					50,500		計	204,500

(1) 直接材料費の計算と記入

　数量と単価を乗じて金額を計算する。6月3日の材料Xは10単位×¥7,000で¥70,000となる。6月10日分も同様に計算する。そして，金額を合計する。

(2) 直接労務費の計算と記入

　時間と賃率を乗じて金額を計算する。6月3日の職種Aは25時間×¥800で

¥20,000となる。6月13日分,24日分も同様に計算する。そして,金額を合計する。

(3) 製造原価の計算と記入

直接材料費と直接労務費のそれぞれの合計額を製造原価に記入する。製造間接費の予定配賦率は時間あたり¥600(=¥2,400,000÷4,000時間)になり,直接作業時間数は60時間(=25時間+20時間+15時間)だから,予定配賦額は¥36,000(=¥600×60時間)になる。

最後に,直接材料費,直接労務費および製造間接費を合計して製造原価を計算する。

10−3 部門別個別原価計算

ここまでみてきた単純個別原価計算では製造間接費の部門別計算を行わず,工場全体を1つの原価部門とみなして製造間接費の総括配賦を行ってきた。しかし,工場の規模が大きくなると製造活動も複雑化し,工場全体を1つの原価部門とみなして原価計算を実施すると,工場内の作業区分に応じた製造間接費の発生の仕方を反映した原価計算ができなくなる可能性が生じる。

このため,工場の作業区分に応じて複数の原価部門に分け,製造間接費の配賦を部門別に行うことが合理的となる。これが第9章で説明した部門別計算である。この製造間接費を部門ごとに集計して製品に配賦する個別原価計算を部門別個別原価計算と呼ぶ。

第9章で説明したように,部門別計算は2段階の計算手続を経て行われる。第1段階は部門別計算の対象となる原価を部門個別費と部門共通費とに区分し,その発生に関連する各原価部門へ集計する手続であり,この計算手続を製造間接費の第1次集計と呼んだ。そして,第2段階は第1次集計で補助部門に集計された原価を製造部門に集計する手続であり,この計算手続を製造間接費の第2次集計と呼んだ。

この2段階の計算手続を経て製造間接費はすべて製造部門に集計された。そして製造部門に集計された製造間接費は,最終的に製品別に配賦されることになる。製品への配賦では各製造部門別に配賦率を計算し,この配賦率に製品別

の配賦基準数値を乗じて製品別に配賦を行う。配賦率と配賦額の計算式は次のとおりである。

① 製造部門費配賦率＝$\dfrac{\text{一定期間の製造部門費発生額}}{\text{同期間の配賦基準数値総計}}$

② 製造部門費配賦額＝配賦率×各製品の配賦基準数値

例題10－3

次の資料に基づいて，直接作業時間を配賦基準とした(1)製造部門費配賦率，(2)製品別の配賦額を求めなさい。

〈資料〉

製造間接費部門別配賦表　　　　　　　　（単価：円）

	合　計	製造部門		補助部門		
		機械加工部門	組立部門	材料倉庫部門	動力部門	工場事務部門
部門費	18,000,000	7,500,000	6,500,000	2,000,000	1,200,000	800,000
材料倉庫部門費	2,000,000	1,200,000	800,000			
動力部門費	1,200,000	800,000	400,000			
工場事務部門費	800,000	500,000	300,000			
製造部門費		10,000,000	8,000,000			

製品別直接作業時間

製品名	製品A	製品B	合　計
機械加工部門	2,200時間	1,800時間	4,000時間
組立部門	1,900時間	2,100時間	4,000時間
合計	4,100時間	3,900時間	8,000時間

解　答

(1) 製造部門費配賦率の計算
 ・機械加工部門の配賦率：¥10,000,000÷4,000時間＝¥2,500／時間
 ・組立部門の配賦率：¥8,000,000÷4,000時間＝¥2,000／時間
(2) 製品別配賦額の計算
 ・製品A：¥2,500／時間×2,200時間＋¥2,000／時間×1,900時間＝¥9,300,000
 ・製品B：¥2,500／時間×1,800時間＋¥2,000／時間×2,100時間＝¥8,700,000

10－4■仕損費の算定と処理

⑴　**仕損費の算定**

　仕損とは，製品の製造工程において材料の不良や設備の不具合などが原因で不良品や不合格品が生じることをいい，その不良品や不合格品のことを仕損品という。

　仕損が発生して補修指図書を発行した場合には，仕損が補修によって回復する場合と，補修せずに代品を製作する場合がある。また，仕損が発生しても補修指図書を発行しない場合もある。それぞれの場合に分けてみていく。

①　仕損が補修によって回復できる場合
　　補修のために補修指図書を発行し，補修指図書に集計された製造原価を仕損費とする。
②　仕損が補修によって回復できない場合
　（ア）　旧製造指図書の全部が仕損：代品を製作するために新たに製造指図書を発行し，旧製造指図書に集計された製造原価を仕損費とする。
　（イ）　旧製造指図書の一部が仕損：代品を製作するために新たに製造指図書を発行し，新製造指図書に集計された製造原価を仕損費とする。
③　仕損の補修または代品の製作のために別個の指図書を発行しない場合
　　仕損の補修等に要する製造原価を見積もって，これを仕損費とする。

　なお，上記②または③の場合において，仕損品が売却価値または利用価値を有する場合には，その見積額を控除した額を仕損費とする。

　ただし，軽微な仕損については仕損費を計上しないで，単に仕損品の見積売却価額または見積利用価額を，当該製造指図書に集計された製造原価から控除するにとどめることができる。

⑵　**仕損費の処理**

　仕損はその発生原因や発生数量に応じて，正常仕損と異常仕損に分けられる。正常仕損であれば仕損費は製造原価に算入する。この場合，①仕損費の実際

発生額または見積額を当該指図書に賦課するか，②仕損費を間接費としてこれを仕損の発生部門に賦課するかのいずれかの方法によって処理する。②の場合には，製造間接費の予定配賦率の計算において，当該製造部門の予定製造間接費額中に仕損費の予定額を算入する。

一方，異常仕損の場合には製造原価には算入せず，営業外費用または特別損失として処理する。

例題10－4

当社の次の資料に基づいて原価計算表を完成させなさい。

〈資料〉

(1) 当社では当月，以下の作業を行い，すべて当月中に完成した。 （単位：円）

	#500	#600	#700	#500-1	#600-1	#700-1	計
直接材料費	240,000	192,000	288,000	32,000	144,000	44,000	940,000
直接労務費	384,000	336,000	432,000	20,000	240,000	84,000	1,496,000
製造間接費	576,000	480,000	624,000	24,000	496,000	140,000	2,340,000
合　計	1,200,000	1,008,000	1,344,000	76,000	880,000	268,000	4,776,000

(2) 指図書#500について仕損が発生したが補修により合格品となった。#500-1はこの補修に対して発行した補修指図書である。

(3) 指図書#600は全部が仕損となったため，指図書#600-1を発行して代品を製造した。なお，仕損品は¥200,000で外部に売却できる見込みである。

(4) 指図書#700は注文量のうち一部が仕損となったため，指図書#700-1を発行して代品を製造した。なお，仕損品は¥100,000で外部に売却できる見込みである。

原　価　計　算　表　　　　　　　　（単価：円）

	#500	#600	#700	#500-1	#600-1	#700-1	計
直接材料費	240,000	192,000	288,000	32,000	144,000	44,000	940,000
直接労務費	384,000	336,000	432,000	20,000	240,000	84,000	1,496,000
製造間接費	576,000	480,000	624,000	24,000	496,000	140,000	2,340,000
小　計	1,200,000	1,008,000	1,344,000	76,000	880,000	268,000	4,776,000
評価額		△200,000				△100,000	△300,000
仕損費	76,000	△808,000	168,000	△76,000	808,000	△168,000	0
合　計	1,276,000	0	1,512,000	0	1,688,000	0	4,476,000

解 答

原 価 計 算 表　　　　　　　　　　（単価：円）

	#500	#600	#700	#500-1	#600-1	#700-1	計
直接材料費	240,000	192,000	288,000	32,000	144,000	44,000	940,000
直接労務費	384,000	336,000	432,000	20,000	240,000	84,000	1,496,000
製造間接費	576,000	480,000	624,000	24,000	496,000	140,000	2,340,000
小　　計	1,200,000	1,008,000	1,344,000	76,000	880,000	268,000	4,776,000
評価額	0	−200,000	0	0	0	−100,000	−300,000
仕損費	76,000	−808,000	168,000	−76,000	808,000	−168,000	0
合　　計	1,276,000	0	1,512,000	0	1,688,000	0	4,476,000

(1) 資料(1)から各指図書別に，原価計算表の直接材料費から小計まで転記する。
(2) 資料(2)から#500-1（補修）と#500を作成する。

　　仕損費＝新指図書#500-1の原価
　　¥76,000　　¥76,000

　#500-1の小計¥76,000を仕損費として控除し，これを#500に賦課する。
(3) 資料(3)から#600（全部仕損・代品製造）と#600-1を作成する。

　　仕損費＝旧指図書#600の原価−仕損品評価額
　　¥808,000　　¥1,008,000　　　　¥200,000

　#600の小計から評価額を差し引いた¥808,000を仕損費として控除し，これを#600-1に賦課する。
(4) 資料(4)から#700-1（一部仕損・代品製造）と#700を作成する。

　　仕損費＝新指図書#700-1の原価−仕損品評価額
　　¥168,000　　¥268,000　　　　¥100,000

　#700-1の小計から評価額を差し引いた¥168,000を仕損費として控除し，これを#700に賦課する。

10−5 ■作業くずの算定と処理

　製造現場で材料を切削した場合には，切れ端や削りくずが生じることがある。これらの作業くずのなかには売却したり再利用したりするものがあるが，こうした売却価値や再利用価値のあるものを作業くずという。そして，この売却価値や利用価値の金額を算定することを評価といい，算定した金額を評価額とい

う。

作業くずの処理について，その発生が製造指図書別に特定できる場合には，その評価額を，その製品の直接材料費または製造原価から差し引いて計算する。作業くずの発生が製品別に特定できない場合には，作業くずの評価額を製造間接費もしくは発生部門の部門費から控除する。なお，作業くずの評価額がわずかの場合には，製造原価からその評価額を差し引かず，売却した時に売却額を雑益として処理する。

例題10－5

当社の次の資料に基づいて原価計算表を完成させなさい。

〈資料〉
(1) 当社では当月，以下の作業を行い，すべて当月中に完成した。なお，製造間接費は直接労務費を基準として部門別に配賦している。

原 価 計 算 表　　　（単価：円）

	#800	#900	計
直接材料費	1,200,000	900,000	2,100,000
直接労務費	1,800,000	1,200,000	3,000,000
製造間接費			2,820,000
合　計			7,920,000

(2) 指図書#800について作業くず¥60,000が発生した。これは#800の直接材料費から控除する。
(3) 製品の生産中に作業くず¥120,000が発生したが，これは製造間接費合計から控除する。

原 価 計 算 表　　　（単価：円）

	#800	#900	計
直接材料費			
直接労務費			
製造間接費			
合　計			

解 答

原 価 計 算 表　　　　（単価：円）

	#800	#900	計
直接材料費	1,140,000	900,000	2,040,000
直接労務費	1,800,000	1,200,000	3,000,000
製造間接費	1,620,000	1,080,000	2,700,000
合　　計	4,560,000	3,180,000	7,740,000

(1) #800の直接材料費の計算と記入

資料(1)の¥1,200,000から資料(2)の¥60,000を控除して計算する（¥1,200,000
－¥60,000＝¥1,140,000）。

(2) その他の直接材料費および直接労務費の記入

資料(1)から原価計算表に転記する。

(3) 製造間接費の計算と記入

資料(1)の¥2,820,000から資料(3)の¥120,000を控除して計算する（¥2,820,000
－¥120,000＝¥2,700,000）。

(4) 製造間接費の配賦計算と記入

製造間接費の配賦率は直接労務費あたり0.9（＝¥2,700,000÷¥3,000,000）に
なる。この配賦率に各指図書別の直接労務費の金額を乗じて製造間接費を
計算する。#800の製造間接費は0.9×¥1,800,000で¥1,620,000となる。

第10章の問題

10.1　津田沼自転車部品における次の資料に基づいて，個別原価計算表を作成しな
さい。なお，製造間接費は予定配賦している。

(1) 材料費

① 月初繰越高　　材　　料　　　400kg　　　¥191,600
　　　　　　　　　買入部品　　　240個　　　¥393,600
② 当月仕入高　　材　　料　　　5,800kg　　¥2,958,000
　　　　　　　　　買入部品　　　780個　　　¥1,326,000
③ 月末棚卸高　　材　　料　　　680kg
　　　　　　　　　買入部品　　　108個
④ 消費単価は，材料は平均法，買入部品は先入先出法によって算定している。

⑤ 当月消費量

指図書	#510	#520	#530	#510-1	#520-1	#530-1	合計
材料（kg）	1,080	1,720	1,300	—	160	1,260	5,520
買入部品（個）	188	248	224	—	20	232	912
作業くず（kg）	8	16	10	—	—	12	46

なお，買入部品は指図書番号順に払出されたものとする。
⑥ 作業くずは材料より発生したもので，￥100／kgにて売却される。
(2) 労務費
　① 前月末未払高　　　機械工　￥268,800
　　　　　　　　　　　　組立工　￥610,800
　② 当月末未払高　　　機械工　￥298,400
　　　　　　　　　　　　組立工　￥697,600
　③ 当月賃金支給総額　機械工　￥1,069,600
　　　　　　　　　　　　組立工　￥2,271,200
　④ 当月直接工作業時間

指図書	#500	#520	#530	#510-1	#520-1	#530-1	その他	合　計
機械工（時間）	280	340	300	14	40	320	80	1,374
組立工（時間）	840	980	920	30	100	900	160	3,930

(3) 製造間接費の予定配賦
　① 当月の予定直接作業時間　　5,400時間
　② 当月の製造間接費予算　　　￥1,620,000
(4) 指図書について
　#510-1は#510の補修のための指図書である。
　#520-1は#520の一部代品製作のための指図書である。
　#530-1は#530の全部代品製作のための指図書である。
(5) 指図書#510-1以外はすべて月末までに完成した。

第11章

総合原価計算

11－1 ■総合原価計算の意義

　工場または企業で適用される製品別原価計算の方法は，生産形態によって異なる。顧客からの注文に基づいて生産を行う受注生産形態の工場に適用される製品別原価計算の方法は，個別原価計算であった。これに対して，見込み生産形態の工場に適用される製品別原価計算の方法は，総合原価計算（Process Costing）である。

　総合原価計算と個別原価計算とでは，それが適用される生産形態が異なることに起因していくつかの違いが見られる。製造指図書の役割，原価の分類，仕掛品評価の重要性の程度，そして具体的な計算プロセスが，両者では異なる。これらの点については，後述する。

　総合原価計算は，生産する製品の特徴によって適用される具体的な方法が異なる。

　単一種類の製品を反復的・連続的に生産する状況で適用される総合原価計算は，「単純総合原価計算」と呼ばれる。

　これに対して，複数の製品を反復的・連続的に生産する状況では，生産される製品の特性によって次のように異なる。自動車や電気機器の製造企業のように，生産される製品が同種の製品を製造するいくつかの組に分けられる場合には「組別総合原価計算」が利用される。窯業や靴などの製造企業のように，生産を行っている製品が同種であるが形状，大きさ，品位などによって等級別に分けられる状況では「等級別総合原価計算」が適用される。

　さらに，それぞれの種類の総合原価計算において，部門別原価計算をともなわない場合と部門別原価計算をともなう場合で，「単一工程総合原価計算」と「工

程別総合原価計算」の区別を行うことが可能である。

ここではまず，総合原価計算を学習する上で，最も基本的な形態である単一工程単純総合原価計算，すなわち部門別原価計算をともなわない場合の単純総合原価計算について述べよう。

11－2 単一工程単純総合原価計算

(1) 単一工程単純総合原価計算の計算手続

受注生産企業では，顧客からの個々の注文が異なることが前提であった。このために，顧客からの注文があるたびに，製造現場に生産すべき製品の規格や数量などを記した特定製造指図書が発行され，製造現場はこれに基づき生産活動を開始した。特定製造指図書に付された指図書番号は，原価の区分・集計にあたって重要な役割を果たし，製品原価が個々の製品に集計された。

これに対して，見込み生産では，ある製品が一定期間にわたって継続的に生産されることが前提である。見込み生産形態の工場であっても，製造指図書は発行される。これは継続製造指図書と呼ばれる。継続製造指図書は，一定期間，当該製品を継続的に生産することを命令するものであり，一般的には原価計算の観点からは重要な役割を果たすものではない。総合原価計算では，製造原価は個々の製品に集計されるのではなく，一定の期間にわたって集計され，当該期間に生産された完成品の数量で除することで，完成品1単位あたりの平均的な製造原価を計算する。

$$\text{完成品1単位あたりの製造原価} = \frac{\text{ある原価計算期間に集計された製造原価の合計額}}{\text{同期間に製造された完成品の数量}}$$

しかしながら，実際の製造の局面では，期首また期末の時点で，製造途中の状態にある仕掛品が存在することが一般的である。仕掛品が存在する状況で，完成品1単位あたりの製造原価を計算するためには，この仕掛品の価値を勘案する必要がある。

すなわち，総合原価計算では，「一原価計算期間（以下これを「一期間」という。）

に発生したすべての原価要素を集計して当期製造費用を求め，これに期首仕掛品原価を加え，この合計額（以下これを「総製造費用」という。）を，完成品と期末仕掛品とに分割計算することにより，完成品総合原価を計算し，これを製品単位に均分して単位原価を計算する」[1]のである。ここで示された総合原価計算の計算メカニズムは**図表11-1**のようになる。

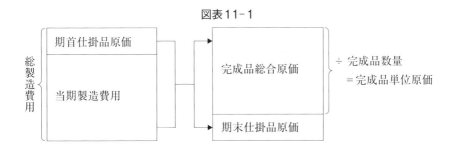

図表11-1

これらの関係を式で示せば，次のようになる。

　　完成品総合原価＝（期首仕掛品原価＋当期製造費用）－期末仕掛品原価
　　完成品単位原価＝完成品総合原価÷完成品数量

　総合原価計算では，仕掛品をどのように評価するのかという点が非常に重要である。この点も，個別原価計算とは大きく異なる。以下では，総合原価計算における仕掛品の評価方法について詳しく説明する。

(2) 仕掛品の評価

　仕掛品原価を計算するには，仕掛品1単位が負担する原価を，完成品1単位との比較でどの程度とするかを決定しなければならない。仕掛品が負担する原価の計算にあたっては，仕掛品の完成品換算数量を確定することが必要である。総合原価計算では，一般に原価を，「直接材料費」（適用される業種によっては，原料費と呼ぶ）と「加工費」とに分類する。加工費とは，直接労務費と製造間接費を加えた部分である。総合原価計算において，原価の計算が直接材料費と加工費とに区別して行われる理由は，両者では原価が発生する状況が大きく異なることが一般的であるためである。

『原価計算基準』によれば，直接材料費については，期末仕掛品の完成品換算数量は「期末仕掛品に含まれる直接材料消費量の完成品に含まれるそれに対する比率を算定し，これを期末仕掛品現在量に乗じて計算する」[2]。ただし，直接材料が製造工程の始点で全量投入される場合には，仕掛品1単位に含まれる直接材料の消費量は，完成品1単位に含まれる直接材料と同量である。この場合には，期末仕掛品1単位の完成品換算数量は1となる。これに対して，加工費については，期末仕掛品の完成品換算数量は，「期末仕掛品の仕上りの程度の完成品に対する比率を算定し，これを期末仕掛品現在量に乗じて計算する」[3]。ここで，完成品に対する仕掛品の加工費の負担の割合を進捗度と呼ぶ。

仕掛品原価の計算方法として，ここでは平均法と先入先出法について説明する。両者では，原価の流れについての仮定が異なる（小林，1988）。

① 平均法（weighted average method）

平均法は，期首仕掛品に含まれる直接材料費（加工費）に，当期新たに投入された直接材料費（加工費）を加えた部分が計算上区別されず，完成品と期末仕掛品とに按分されると仮定する方法である。計算上，直接材料費と加工費のそれぞれについて，期首仕掛品と当期の製造費用の双方に含まれる直接材料費の総額または加工費の総額を計算し，それをそれぞれ当期完成品の数量と期末仕掛品の完成品換算数量との比に基づいて按分する。これを図示すると**図表11-2**のようになる。

図表11-2　平均法

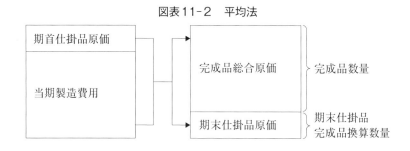

これを式で表わすと次のようになる。なお，ここでは，直接材料は工程の始点で全量投入されているものとする。

期末仕掛品中の直接材料費

$$=(期首仕掛品直接材料費+当期直接材料費)\times \frac{期末仕掛品数量}{完成品数量+期末仕掛品数量}$$

期末仕掛品中の加工費

$$=(期首仕掛品加工費+当期加工費)\times \frac{期末仕掛品完成品換算数量}{完成品数量+期末仕掛品完成品換算数量}$$

例題11－1

次の資料に基づいて，総合原価計算表を完成しなさい。ただし，仕掛品の評価は平均法によること。なお，原材料は工程の始点で全量投入されていると仮定する。

（生産データ）

期首仕掛品	100kg	（50％）
当期投入量	900	
合　　計	1,000	
期末仕掛品	150	（40％）
完　成　品	850kg	（括弧内は進捗度）

〈資料〉

総合原価計算表
平成27年7月　　　　　　　（単位：円）

	原材料費	加工費	合　計
期首仕掛品原価	40,000	10,000	50,000
当期製造費用	360,000	172,000	532,000
合　　　計			
差引：期末仕掛品原価			
完成品総合原価			
完成品単位原価			

解　答

期末仕掛品中の原材料費と加工費とに分けて計算を行う。

まず，期末仕掛品中の原材料費は，以下の式で求めることができる。原価配分方法は平均法である。

$$期末仕掛品中の原材料費 = (40,000+360,000) \times \frac{150}{850+150} = 60,000$$

同様に，期末仕掛品中の加工費は，以下の式で求めることができる。ただし，加工費の場合には，進捗度の計算を加味することが必要である。

$$期末仕掛品中の加工費 = (10,000+172,000) \times \frac{150 \times 0.4}{850+150 \times 0.4} = 12,000$$

総合原価計算表
平成27年7月　　　　　　　　（単位：円）

	原材料費	加工費	合　計
期首仕掛品原価	40,000	10,000	50,000
当期製造費用	360,000	172,000	532,000
合　　計	400,000	182,000	582,000
差引：期末仕掛品原価	60,000	12,000	72,000
完成品総合原価	340,000	170,000	510,000
完成品単位原価	400	200	600

② 先入先出法（first-in, first-out method）

先入先出法は，実際のものの流れと一致した計算方法である。この方法では，期首の時点で仕掛品の状態にあったものがまず完成品へと加工され，当期新たに投入された直接材料および作業の一部が期末時点での仕掛品を構成すると考える方法である。

この仮定に基づけば，図表11-3で示しているように，期首仕掛品原価は完成品の一部となる。このため，期末仕掛品を構成しているのは，当期に新たに投入された製造費用の一部である。

図表11−3　先入先出法

期末仕掛品中の直接材料費

$$= 当期直接材料費 \times \frac{期末仕掛品数量}{完成品数量 - 期首仕掛品数量 + 期末仕掛品数量}$$

期末仕掛品中の加工費

$$= 当期加工費 \times \frac{期末仕掛品完成品換算数量}{完成品数量 - 期首仕掛品完成品換算数量 + 期末仕掛品完成品換算数量}$$

例題11−2

次の資料に基づいて，総合原価計算表を完成しなさい。ただし，仕掛品の評価は先入先出法によること。

なお，原材料は工程の始点で全量投入されていると仮定する。完成品単位あたりの原価は，小数点以下第2位で四捨五入しなさい。

（生産データ）

期首仕掛品	150kg（40％）
当期投入量	1,000
合　　計	1,150
期末仕掛品	200　（50％）
完　成　品	950kg

（括弧内は進捗度）

〈資料〉

総合原価計算表
平成27年10月　　　　　　　　（単位：円）

	原材料費	加工費	合　計
期首仕掛品原価	80,000	20,000	100,000
当期製造費用	550,000	306,900	856,900
合　　計			
差引：期末仕掛品原価			
完成品総合原価			
完成品単位原価			

解　答

$$\text{期末仕掛品中の原材料費} = 550{,}000 \times \frac{200}{950-150+200} = 110{,}000$$

$$\text{期末仕掛品中の加工費} = 306{,}900 \times \frac{200 \times 0.5}{950-150 \times 0.4 + 200 \times 0.5} = 31{,}000$$

総合原価計算表
平成27年10月　　　　　　　　（単位：円）

	原材料費	加工費	合　計
期首仕掛品原価	80,000	20,000	100,000
当期製造費用	550,000	306,900	856,900
合　　計	630,000	326,900	956,900
差引：期末仕掛品原価	110,000	31,000	141,000
完成品総合原価	520,000	295,900	815,900
完成品単位原価	547.4	311.5	858.8

(3) 仕損と減損の発生とその処理

① 仕損と減損の発生

製造工程に投入された直接材料または原料は，そのすべてが完成品または期末仕掛品に変換されるわけではない。それらの直接材料または原料から，何ら

かの理由で，不合格品が生まれる可能性がある。この不合格品のことを仕損品と呼ぶ。または，製造途中の段階で，原料の一部が蒸発や沈殿などの理由で製品化しないことがある。これは減損と呼ばれる。

仕損や減損については，それが正常な状態で生じたものであるか，異常な状態で生じたものであるかが重要である。異常な状態で発生した仕損や減損，すなわち異常仕損（減損）は，本書のpp.85〜86でも言及したように，原価性を持たないために，製造原価には含められない。これに対して，正常な状態の下で生じた正常仕損（減損）に関連して発生した正常仕損費（減損費）については，これを完成品のみ，または完成品と期末仕掛品の両方に負担させる。

仕損費（減損費）を完成品のみに負担させるのかまたは完成品と期末仕掛品の両方に負担させるのかについては，一般的に，仕損（減損）の発生した時点と期末仕掛品の進捗度とを比較することで決定される。

［ケース１］　仕損（減損）の発生時点＞期末仕掛品の進捗度
　　仕損（減損）が，期末仕掛品の進捗度を超えた時点で発生または発見されたケースでは，完成品のみが仕損費（減損費）を負担する。

［ケース２］　仕損（減損）の発生時点＜期末仕掛品の進捗度
　　仕損（減損）が，期末仕掛品の進捗度よりも前の時点で発生また発見されたケースでは完成品と期末仕掛品の両方が仕損費（減損費）を負担する。

② 度外視法と非度外視法

仕損費（減損）を完成品のみに，または完成品と期末仕掛品の両方に負担させる方法としては，度外視法と非度外視法がある。

非度外視法は，仕損費（減損費）を計算上別個に取り出し，これを完成品のみに，または完成品と期末仕掛品の両方に負担させる方法である。度外視法は，仕損費を計算上別個に取り出すことはせず，完成品のみに，または完成品と期末仕掛品の両方に負担させる。ここでは，度外視法について例題に基づいて説明しよう。

例題11-3

御茶ノ水工業の平成27年7月の生産データおよび金額データは次に示すとおりである。これに基づいて、以下の2つのケースについて、平均法によって期末仕掛品原価と完成品単位原価とを計算しなさい。ただし、材料は工程の始点で全量投入されるものとする。また、仕損品には経済的な価値はないものとする。仕損の発生時点が、(1)80%である場合と(2)30%である場合とに分けて計算しなさい。なお、完成品単位当たりの原価は小数点以下第2位で四捨五入しなさい。

(生産データ)

期首仕掛品	500kg	（進捗度40%）
当期投入量	5,500	
合　計	6,000	
完　成　品	5,400	
正常仕損品	100	
期末仕掛品	500	（進捗度60%）
合　計	6,000kg	

(金額データ)

期首仕掛品原価
　原材料費　　175,000円　　　加工費　　56,000円
当期製造費用
　原材料費　1,949,000円　　　加工費　1,591,300円

解 答

(1) 仕損の発生時点（80%）＞期末仕掛品の進捗度（60%）のケース

このケースでは，仕損の発生時点が期末仕掛品の進捗度よりも大きいため，発生した仕損費は完成品のみが負担する。

図表11-4

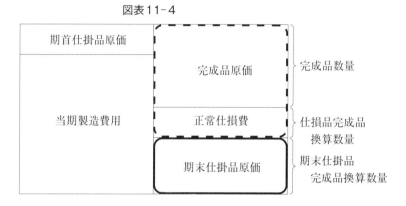

図表11-4に示したように，期末仕掛品原価の部分だけを取り出し，総製造費用からここで計算した期末仕掛品原価の部分を控除することで，仕損費は計算上完成品原価に含まれる。

期末仕掛品原価中の

$$原材料費 = (175,000 + 1,949,000) \times \frac{500}{5,400+100+500} = 177,000 円$$

$$加工費 = (56,000+1,591,300) \times \frac{500 \times 0.6}{5,400+100 \times 0.8+500 \times 0.6} = 85,500 円$$

期末仕掛品原価 = 177,000 + 85,500 = 262,500

したがって，

完成品総合原価 = (175,000+1,949,000−177,000) + (56,000+1,591,300−85,500)
= 3,508,800

$$完成品単位原価 = \frac{3,508,800}{5,400} = 649.8 円$$

(2) 仕損の発生時点（30%）＜期末仕掛品の加工進捗度（50%）

このケースでは，完成品と期末仕掛品の両方が仕損費を負担する。

図表11-5

期末仕掛品原価中の

$$原材料費 = (175,000 + 1,949,000) \times \frac{500}{5,400 + 500} = 180,000 円$$

$$加工費 = (56,000 + 1,591,300) \times \frac{500 \times 0.6}{5,400 + 500 \times 0.6} = 86,700 円$$

期末仕掛品原価 = 180,000 + 86,700 = 266,700

したがって,

完成品総合原価 = (175,000 + 1,949,000 − 180,000) + (56,000 + 1,591,300 − 86,700)
　　　　　　　= 3,504,600

$$完成品単位原価 = \frac{3,504,600}{5,400} = 649 円$$

11－3 ■工程別総合原価計算

　工程別総合原価計算では，製品が複数の製造工程からなる製造プロセスを経て加工されることを，計算上においても認識する方法である。ここで，工程とは製造部門のことである。見込み生産を行っている工場では，部門のことを慣例として工程とよぶ。したがって，工程別総合原価計算とは，部門別原価計算を伴う場合の総合原価計算である。

(1)　**工程別総合原価計算の意義**

　工程別総合原価計算を行う意義は次の2点である。

　第1に，製品原価の計算をより正確に行うことが可能である。これは，工場全体を1つの工程と捉えると，仕掛品原価の評価にあたって作業の進展の度合いを見積もる場合，製造工程全体を眺めたうえで，平均的な仕掛品の進捗度を1つに設定することが必要となる。しかしながら，このようなやり方は，かなりの困難をともなう。また，正確性の観点からも問題がある。

　工程別総合原価計算では，工場をいくつかの工程に区分することで，工程ごとに平均的な進捗度を決定することができるので，その進捗度の決定の正確さはある程度向上することが期待される。さらに，小林（1988，p.119）は，「工程別原価計算では，各工程に製造原価が集計され，それらが当該工程の生産物に賦課ないし配分されるので，原価の部門別発生額がより正しく生産量に対応する。このことは，特に加工費の計算において効果がある」と述べている。

　第2に，工程別総合原価計算を行うことで，工程別に原価を集計することで，原価管理上有用な資料を提供することが可能となる。

(2)　**工程別総合原価計算の方法**

　工程別総合原価計算は，工程別に集計される原価の範囲によって，完全工程別総合原価計算と加工費工程別総合原価計算に分けられる。前者がすべての製造費用を工程別に集計するのに対して，後者は加工費のみを工程別に集計する方法である。ここでは，完全工程別総合原価計算を前提に説明を行う。

工程別総合原価計算の手続は，製造費用を工程別に集計する手続と，各工程に集計された製造費用に基づいて工程別の期末仕掛品原価および完成品原価を算定する手続からなる。

製造費用を工程別に集計する手続については，第9章の部門別原価計算において説明したとおりである。そこで，ここでは製造費用が工程別に集計されたことを受けて，工程別の期末仕掛品原価を評価し，完成品原価を算定するプロセスについて説明する。この計算方法には，累加法（累積法）と非累加法（非累積法）がある。

① 累 加 法

累加法とは「一工程から次工程へ振り替えられた工程製品の総合原価を，前工程費又は原料費として次工程の製造費用に加算する」[4]方法である。累加法によれば，ある工程の完成品はその工程までの製造原価で評価され，次工程に振り替えられることとなる。次工程では，前工程の完成品の原価は前工程費または原料費として扱い，当該工程の製造原価に加算される。これは**図表11-6**のようになる。

図表11-6　工程別総合原価計算（累加法）

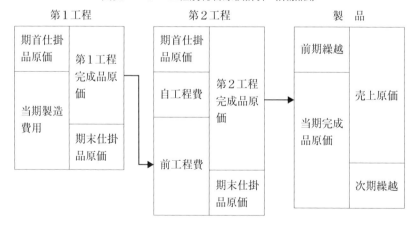

例題11-4

次の資料に基づいて，累加法による工程別総合原価計算表を完成しなさい。ただし，第1工程の完成品は第2工程にただちに振り替えられるものとする。原料は第1工程の始点でその全量が投入される。なお，期末仕掛品の評価は平均法によること。

(生産データ)

	第1工程	第2工程
期首仕掛品	600 kg (0.5)	500 kg (0.5)
当月投入量	1,500	1,800
合　計	2,100	2,300
期末仕掛品	300 (0.6)	200 (0.5)
完　成　品	1,800	2,100
合　計	2,100 kg	2,300 kg

(括弧内は進捗度)

工程別総合原価計算表　　　　　　　　(単位：円)

	第1工程			第2工程		
	原料費	加工費	合計	前工程費	加工費	合計
期首仕掛品原価	25,800	24,900	50,700	58,100	28,750	86,850
当月製造費用	68,700	143,400	212,100		235,250	
合　計						
差引：期末仕掛品原価						
完成品総合原価						
完成品単価						

解　答

〈第1工程期末仕掛品原価の計算〉

$$原料費 = (25,800+68,700) \times \frac{300}{1,800+300} = 13,500$$

$$加工費 = (24,900+143,400) \times \frac{300 \times 0.6}{1,800+300 \times 0.6} = 15,300$$

第1工程の完成品総合原価
$$= (25,800+68,700) + (24,900+143,400) - (13,500+15,300) = 234,000$$

第1工程完成品は,第2工程にただちに振りかえられる。

〈第2工程期末仕掛品原価の計算〉

$$前工程費 = (58,100+234,000) \times \frac{200}{2,100+200} = 25,400$$

$$加工費 = (28,750+235,250) \times \frac{200 \times 0.5}{2,100+200 \times 0.5} = 12,000$$

工程別原価計算表 (単位:円)

	第1工程			第2工程		
	原料費	加工費	合計	前工程費	加工費	合計
期首仕掛品原価	25,800	24,900	50,700	58,100	28,750	86,850
当月製造費用	68,700	143,400	212,100	234,000	235,250	469,250
合 計	94,500	168,300	262,800	292,100	264,000	556,100
差引:期末仕掛品原価	13,500	15,300	28,800	25,400	12,000	37,400
完成品総合原価	81,000	153,000	234,000	266,700	252,000	518,700
完成品単価						247

累加法では,ある工程よりも前の段階にある工程の完成品原価が確定しなければ,それ以降の工程の原価を算定できない。このことは工程の数が増大するほど,原価計算が遅れてしまうことを意味している。そこで,『原価計算基準』では,工程間で振り替えられる工程製品の計算を予定原価または正常原価によって行うことができるとしている。

② 非累加法

非累加法では,工程間での原価の振り替えは行わない。各工程における工程完成品原価は当該工程の製造費用のみに基づいて算定されることが特徴である。最終的な完成品原価は,各工程で計算された完成品原価を合計することで算定される。

例題11-5

次の資料に基づいて，非累加法による工程別総合原価計算表を完成しなさい。なお，直接材料は第1工程の始点で全量投入されると仮定されている。生産データに記されている括弧内の数字は加工進捗度を示している。期末仕掛品の評価は平均法によること。なお，計算によって生じる円未満は四捨五入せよ。

(生産データ)

	第1工程	第2工程
期首仕掛品	250kg (40%)	150kg (50%)
当月投入量	750kg	700kg
期末仕掛品	300kg (50%)	200kg (60%)
完成品	700kg	650kg

(原価データ)

	第1工程	第2工程
期首仕掛品原価		
直接材料費	¥9,500	¥5,500
加工費	¥14,000	第1工程加工費　¥13,250
		第2工程加工費　¥4,460
当期製造費用		
直接材料費	¥30,000	—
加工費	¥109,250	¥32,500

工程別総合原価計算表　　　(単位：円)

	第1工程	第2工程	合計
期首仕掛品原価			
直接材料費	9,500	—	9,500
加工費	14,000	4,460	18,460
当月製造費用			
直接材料費	30,000	—	30,000
加工費	109,250	32,500	141,750
小計 期末仕掛品原価	162,750	36,960	199,710
当期工程完成品原価 第2工程期首仕掛品原価			
小計 第2工程期末仕掛品原価			
完成品総合原価 完成品単位あたり原価			

> **解　答**

〈第1工程期末仕掛品原価〉

$$\text{直接材料費} = (9{,}500 + 30{,}000) \times \frac{300}{700+300} = 11{,}850$$

$$\text{加工費} = (14{,}000 + 109{,}250) \times \frac{300 \times 0.5}{700+300 \times 0.5} = 21{,}750$$

よって，第1工程期末仕掛品原価＝11,850＋21,750＝33,600
　第1工程の完成品原価
　　直接材料費＝9,500＋30,000－11,850＝27,650
　　加工費＝14,000＋109,250－21,750＝101,500
　第2工程期末仕掛品原価中の第1工程費

$$\text{直接材料費} = (27{,}650 + 5{,}500) \times \frac{200}{700+150} = 7{,}800$$

$$\text{加工費} = (101{,}500 + 13{,}250) \times \frac{200}{700+150} = 27{,}000$$

よって，第2工程期末仕掛品原価中の第1工程費＝7,800＋27,000＝34,800

〈第2工程期末仕掛品原価〉

$$\text{仕掛品原価} = (4{,}460 + 32{,}500) \times \frac{200 \times 0.6}{650+200 \times 0.6} = 5{,}760$$

工程別原価計算表

（単位：円）

	第1工程	第2工程	合計
期首仕掛品原価			
直接材料費	9,500	―	9,500
加工費	14,000	4,460	
当月製造費用			
直接材料費	30,000	―	30,000
加工費	109,250	32,500	141,750
小計	162,750	36,960	199,710
期末仕掛品原価	33,600	5,760	39,360

当期工程完成品原価	129,150	31,200	160,350
第2工程期首仕掛品原価	18,750		18,750
小計	147,900	31,200	179,100
第2工程期末仕掛品原価	34,800		34,800
完成品総合原価	113,100	31,200	144,300
完成品単位あたり原価	174	48	222

11−4 ■組別総合原価計算

(1) 組別総合原価計算の意義

　複数の種類の製品を連続的に生産している状況に適用される総合原価計算の方法を組別総合原価計算（lot cost system）と呼ぶ。

　ここで，組別総合原価計算の「組」とは，製品の種類のことを意味する。たとえば，自動車製造業における車種がこれにあたる。この他にも，食品や電気機器を製造している企業（工場）において適用される。

　ただし，製品の種類が複数であっても，それらの製品が結合製品である場合には，図表11-6において説明する連産品原価計算が適用される。

(2) 組別総合原価計算の手続

　組別総合原価計算では，製造原価が，各組製品との関連性が直接的に認識されるか否かによって，組直接費と組間接費とに分類し集計される。組直接費と組間接費との識別については，継続製造指図書に記載された製造指図書番号が利用される。

　組直接費とは，特定の組製品の生産のために消費されたことが材料出庫伝票または作業時間票などに記載された製造指図書番号を通じて認識できる製造原価である。これは当該組製品に直接的に集計される。

　これに対して，帳票に製造指図書番号の記載のないものについては，複数の組製品の生産のために共通に発生している製造原価であり組間接費である。組間接費は製品の種類別に配賦計算が行われることになる。配賦計算を行う際に，組間接費のすべてを単一の配賦基準によって配賦する方法（総括配賦法）と組

間接費をその性質に応じていくつかのグループに分類しそれぞれのグループごとに配賦基準を選択する方法がある。これらは図表11-7のようになる。

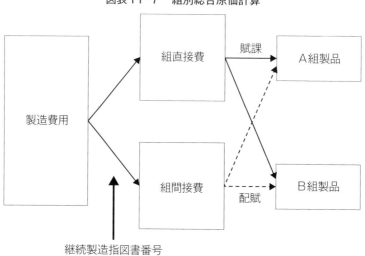

図表11-7　組別総合原価計算

例題11-6

新宿電機では、2種類の製品AとBを生産している。以下の資料に基づいて平均法に基づいて製品AとBの期末仕掛品原価および完成品総合原価を求めよ。

なお、組間接費の配賦基準として直接作業時間が用いられている。

（生産データ）

	A	B
期首仕掛品	40kg (60%)	30kg (40%)
当期投入量	460	570
合　計	500	600
期末仕掛品	50 (50%)	80 (50%)
完 成 品	450kg	520kg

（括弧内は進捗度を示している）

（金額データ）

	A	B
期首仕掛品原価		
直接材料費	3,600円	2,100円
加　工　費	2,880円	1,500円
当月製造費用		
直接材料費	43,700円	42,750円
加　工　費	50,600円	59,900円
当期組間接費	85,000円	

Aの直接作業時間は400時間であり，Bの直接作業時間は450時間である。

解　答

組間接費の配賦基準は直接作業時間である。まず，直接作業時間1時間あたりの配賦率を求めると，

$$\frac{85,000}{400+450}=100円／時$$

　　Aへの配賦額=100×400=40,000
　　Bへの配賦額=100×450=45,000

Aの期末仕掛品原価の計算

$$直接材料費=(3,600+43,700)\times\frac{50}{450+50}=4,730$$

$$加工費=(2,880+50,600+40,000)\times\frac{50\times0.5}{450+50\times0.5}=4,920$$

　　期末仕掛品原価=4,730+4,920=9,650
　　Aの完成品総合原価=(3,600+2,880+43,700+50,600+40,000)−9,650=131,130
同様に，Bの期末仕掛品原価は，

$$直接材料費=(2,100+42,750)\times\frac{80}{520+80}=5,980$$

$$加工費 = (1,500+59,900+45,000) \times \frac{80 \times 0.5}{520+80 \times 0.5} = 7,600$$

期末仕掛品原価 = 5,980 + 7,600 = 13,580
Bの完成品総合原価 = (2,100+1,500+42,750+59,900+45,000) − 13,580 = 137,670

11−5 等級別総合原価計算

(1) 等級別総合原価計算の意義と計算手続

『原価計算基準』によれば，等級別総合原価計算とは「同一工程において，同種製品を連続生産するが，その製品を形状，大きさ，品位等によって等級に区別する場合に適用」[5]される総合原価計算の方法であるとされている。

等級別総合原価計算が適用される業種で生産される製品はその形状，大きさまたは品位に違いがあるが，基本的には同種の製品であるために何らかの等級に区別することができる製品であるという特徴を有している。このために，等級別総合原価計算では，それらの製品の形状，大きさまたは品質によって何らかの等価係数を設定することが必要となる。すなわち，等価係数とは各製品を同一の数量単位に換算し，それに基づいて原価を配分するための基準である。

等価係数の決定にあたっては，すべての製造費用に単一の等価係数を適用する場合と各原価要素または原価要素群にそれぞれ異なる等価係数を適用する場合が考えられる。前者では原価の発生となんらかの合理的な関係が考えられる各等級製品1単位当たりの重量，長さ，純分度に基づいて等価係数が設定される。これに対して，後者の例としては，各等級製品の標準材料消費量，標準作業時間などの物量的な数値に基づいて原価要素ごとにまたは原価要素群ごとに等価係数が設定されることになる。

上記で決定された等価係数を用いて実際に原価の配分を行う場合に，当期製造費用のみを各等級製品の一定期間における生産量に等価係数を乗じることで算定された積数に基づいて配分する方法と，期首仕掛品原価と当期製造費用の合計額を積数に基づいて配分する方法とがある。

ここでは，当期製造費用のみを各等級製品の一定期間における生産量に等価係数を乗じることで算定された積数に基づいて配分する方法について例題を使い説明しよう。

例題11-7

船橋自転車部品工業は製品Pa，Pbという2種類の等級製品の製造を行っている。以下の資料に基づいて，平均法によって等級製品Pa，Pbの完成品単位原価および期末仕掛品原価を計算しなさい。ただし，当期製造費用を等級製品に配分する方法を利用すること。

(生産データ)

	Pa	Pb
期首仕掛品	200kg (0.8)	80kg (0.5)
当期投入量	1,770kg	
完成品	1,200kg	500kg
期末仕掛品	300kg (0.5)	50 (0.3)

(括弧内は加工進捗度)

(金額データ)

		Pa	Pb
期首仕掛品原価	直接材料費	40,000円	24,000円
	加工費	38,400円	13,440円
当期製造費用	直接材料費	401,000円	
	加工費	445,200円	

(等価係数)

	Pa	Pb
直接材料費	1	1.5
加工費	1	1.4

解 答

積数の算定

　直接材料費

　　製品Pa：(1,200+300−200) × 1 =1,300

　　製品Pb：(500+50−80) ×1.5=705

加工費
　製品Pa：$(1{,}200+300 \times 0.5 - 200 \times 0.8) \times 1 = 1{,}190$
　製品Pb：$(500+50 \times 0.3 - 80 \times 0.5) \times 1.4 = 665$

当期製造費用の各等級製品への配分

直接材料費

　製品Pa

$$401{,}000 \times \frac{1{,}300}{1{,}300+705} = 260{,}000$$

　製品Pb

$$401{,}000 \times \frac{705}{1{,}300+705} = 141{,}000$$

加工費

　製品Pa

$$445{,}200 \times \frac{1{,}190}{1{,}190+665} = 285{,}600$$

　製品Pb

$$445{,}200 \times \frac{665}{1{,}190+665} = 159{,}600$$

製品Paの期末仕掛品原価

$$\text{直接材料費} = (40{,}000+260{,}000) \times \frac{300}{1{,}200+300} = 60{,}000$$

$$\text{加工費} = (38{,}400+285{,}600) \times \frac{300 \times 0.5}{1{,}200+300 \times 0.5} = 36{,}000$$

　製品Paの期末仕掛品原価＝60,000＋36,000＝96,000
　製品Paの完成品原価＝(40,000＋38,400)＋(260,000＋285,600)－96,000＝528,000
　製品Paの完成品単位原価＝$\dfrac{528{,}000}{1{,}200}=440$

製品Pbの期末仕掛品原価

$$直接材料費 = (24,000 + 141,000) \times \frac{50}{500 + 50} = 15,000$$

$$加工費 = (13,440 + 159,600) \times \frac{50 \times 0.3}{500 + 50 \times 0.3} = 5,040$$

製品Pbの期末仕掛品原価 = 15,000 + 5,040 = 20,040
製品Pbの完成品原価 = (24,000 + 141,000) + (13,440 + 159,600) − 20,040 = 318,000

$$製品Pbの完成品単位原価 = \frac{318,000}{500} = 636$$

11−6 連産品総合原価計算

「同一工程において同一原料から生産される異種の製品であって,相互に主副を明確に区別できない」[6] 状況において,連産品総合原価計算が適用される。連産品は,生産技術上の問題または原材料の特性から,結合的に生産されるものであり,製品別に原価を集計することが不可能である。このため,組別総合原価計算の方法は適用できない。また,等価係数を決定することも不可能である。そこで,連産品総合原価計算では,結合原価を個々の種類の製品の実際売価や見積売価などを基準に連産品に配分する。

［注］
(1) 『原価計算基準』21。
(2) 『原価計算基準』24。
(3) 『原価計算基準』24。
(4) 『原価計算基準』25。
(5) 『原価計算基準』22。
(6) 『原価計算基準』29。

第11章の問題

11.1 飯田橋自転車部品工業では製品Aを見込み・連続生産しており，製品別原価計算の方法として累加法による工程別総合原価計算が採用されている。次に示す平成27年7月の資料に基づいて，以下の工程別原価計算表を完成しなさい。なお，期末仕掛品の評価は第1工程，第2工程とも平均法を用いること。正常減損は仕掛品と完成品の両方が負担するものとする。

（生産データ）

	第1工程	第2工程
期首仕掛品	300kg (50%)	400kg (60%)
当期投入	1,700kg	1,750kg
合　計	2,000kg	2,150kg
期末仕掛品	250kg (40%)	240kg (50%)
減　　損	—	120kg (35%)
完　成　品	1,750kg	1,790kg

（括弧内は進捗度を示している。）

工程別原価計算表
平成27年7月　　　　　　　　　　　　　　（単位：円）

	第1工程			第2工程		
	原料費	加工費	合　計	前工程費	加工費	合　計
期首仕掛品原価	45,000	22,500	67,500	11,690	16,800	28,490
当期製造費用	255,000	273,500	528,500		134,090	676,590
合　計						
差引：期末仕掛品原価						
完成品総合原価						
完成品単価						

11.2 飯田橋電機は2種類の製品AとBを製造している。以下の資料に基づいて，組別総合原価計算表を完成しなさい。なお，材料は工程の始点で全量が投入されている。組間接費は直接加工費を基準に各組製品に配賦する。完成品単位原価は，小数点以下第2位を四捨五入せよ。

(生産データ)

	製品A	製品B
期首仕掛品	200kg (50%)	250kg (60%)
当期投入	1,300kg	1,750kg
合　計	1,500kg	2,000kg
期末仕掛品	250kg (40%)	200kg (50%)
完　成　品	1,250kg	1,800kg

(括弧内は進捗度を示している。)

(原価データ)

	製品A	製品B
期首仕掛品原価		
材料費	39,700円	54,250円
加工費	9,450	15,070
当期製造費用		
組直接費		
材料費	260,000	381,500
加工費	135,000	175,000
組間接費	775,000円	

組別総合原価計算表　　　　　　　　(単位：円)

摘　　　要	製品A	製品B	合　　計
組 直 接 費			
材料費			
加工費			
組 間 接 費			
計			
期首仕掛品原価			
合　　計			
期末仕掛品原価			
完成品総合原価			
完 成 品 数 量			
完成品単位原価			

第3部

マネジメントに有用な原価計算

第12章

標準原価計算

12−1 ■標準原価計算の意義と目的

　標準原価計算は，原価管理を主目的として生成・発展した。原価管理は，広義には，利益管理目的の一環として，原価の引き下げを行うための一連の管理活動を意味している。

　これに対して，狭義の原価管理とは，「経営構造を所与としてできるだけ低い原価で一定の産出水準を実現するための管理活動」（小林，1988，p.183）を意味する。狭義の原価管理は，コスト・コントロールともよばれる。標準原価計算は，狭義の原価管理目的のために有用な情報を提供する。『原価計算基準』で，原価管理といえば，この意味である。

　標準原価計算による原価管理は，次のステップで行われる。

　まず，製品単位あたりの原価標準が設定される。原価要素別に設定された原価標準を集約することで，製品単位あたりの原価標準が設定される。この原価標準が，現場の製造管理者や作業者に対して伝達される。原価管理が効果的に遂行されるには，原価標準が達成すべき目標として，製造現場の管理者や作業者によって受け入れられることが必要である。

　製造活動を実施すると実際生産量が確定するが，この実際生産量に事前に設定した製品単位あたりの原価標準を乗じて，標準原価を算定する。原価の実際発生額も把握される。ここで，標準原価と原価の実際発生額とが比較される。両者の比較によって，原価差異が認識されるとともに，その分析がなされる。この結果は，経営管理者に報告され，製造現場の管理者の評価目的にも利用される。さらに，原価差異の発生に対して必要な是正措置が検討され，講じられる。

12−2■標準原価計算制度とその諸目的

　当初，原価管理目的で生成・発展してきた標準原価計算は，財務会計機構と結びつき，標準原価計算制度として位置づけられるようになった。これは，財務会計の主要帳簿に，標準原価を組み入れることで，製品原価の計算と財務会計とが有機的に結合した原価計算である。ただし，標準原価計算制度においても，その計算プロセスで，原価の実際発生額は把握される。

　標準原価計算制度は，狭義の原価管理目的に有用な情報を提供する以外に，財務諸表の作成や予算編成，さらに記帳を簡略化・迅速化する目的のために有用な情報を提供する。

(1)　財務諸表作成目的

　標準原価計算は，仕掛品や製品といった棚卸資産価額や，売上高に対応する売上原価の算定のための基礎となる情報を提供する。しかしながら，標準原価に基づいて算定した棚卸資産価額や売上原価は，そのままでは外部報告目的に利用されない。会計期末には，それらの数値が原価の実際発生額に調整される必要がある。これを原価の期末調整と呼ぶ。

(2)　予算編成目的

　原価標準は予算，特に製造原価予算の策定にあたって，有用な情報を提供する。製造原価予算は，次年度に予定された製造高に製品単位あたりの予算原価を乗ずることで算定される。原価標準を基礎として，予算原価を設定することで，予算の信頼性が高まる。ただし，予算設定にあたっては，予算の実現可能性を加味して，原価標準に一定の余裕率を加えることが一般的である。

(3)　記帳の簡略化・迅速化目的

　原価標準を利用することで，材料元帳や作業時間報告書などの帳票への記帳が簡略化されるとともに，迅速に行われる。

12−3 標準原価計算の手続

ここでは，標準原価計算の手続を，原価標準の設定，標準原価の計算，原価の実際発生額の集計，両者の差異の把握と分析とに分けて説明する。

(1) 原価標準の設定

原価標準とは，製品1単位あたりに発生すべき原価であり，「財貨の消費量を科学的，統計的調査に基づいて能率の尺度となるように予定し，かつ，予定価格又は正常価格をもって計算した原価」[1]である。原価標準は，直接材料費，直接労務費ならびに製造間接費といった原価要素別に設定し，これらを合算し，製品単位あたりの原価標準を設定する。

① 原価標準の分類

原価標準は，改訂頻度の違いから，基準標準原価と当座標準原価に区分される。また，目標としての厳格度の違いから，理想標準原価，現実的標準原価，正常標準原価に区分される。

基準標準原価は，実際原価の変動の趨勢を観察するための尺度である。比較的長期にわたり固定されるが，生産設備などの経営の基本構造が変更された場合には変更される。これに対して，当座標準原価は，短期に予定される操業度や価格水準を前提として設定されたものである。

当座標準原価は，原価の目標としての厳格度の違いから，いくつかに区分される。これらは，原価標準を設定する際の前提となる操業度，作業能率および価格について，想定されている水準が異なる。

図表12-1　原価標準の厳格度による違い

	理想標準原価	現実的標準原価	正常標準原価	予定原価
操業度	最大操業度	予定操業度	正常操業度	予定操業度
能　率	最高能率	良好な能率	正常能率	予定能率
価　格	理想価格	予定価格	正常価格	予定価格

一般に，原価標準といえば現実的標準原価を意味するが，これは「良好な能

率のもとにおいて，その達成が期待されうる標準原価をいい，通常生ずると認められる程度の減損，仕損，遊休時間等の余裕率を含む原価」[2]である。これらの余裕率を一切含まない理想標準原価は，厳格度が非常に高く，棚卸資産価額や売上原価の算定，さらに原価管理目的に有用な情報を提供し得ないと考えられ，制度としての原価標準には含められていない。他方，予定原価は本来，標準原価ではない。しかし，実務では予定原価を標準原価と呼ぶことがあるため，『原価計算基準』は，これを制度としての原価標準に含めている。

② 原価標準の設定

原価標準は，原価要素別に設定される。

②－1 直接材料費標準の設定

直接材料費標準は，直接材料の種類ごとに，次式に基づいて設定される。それは，価格標準と物量標準の部分から構成される。

$$直接材料費標準 = \frac{製品単位あたりの}{直接材料の予定価格} \times \frac{当該材料の}{標準消費量}$$

②－1－1 直接材料の標準消費量の設定

直接材料の標準消費量を設定するためには，その前提となる材料の品質や加工方法等を明確に決定しておくことが必要である。直接材料の効率的な利用は，製造現場の管理者にとって管理すべき項目である。

製品単位あたりの直接材料の標準消費量は，過去のデータに統計的な分析方法を適用して得られた情報，IEを中心とした工学技術的な分析方法を利用して得られた情報，また過去のデータがない場合には実際に製品の製造を行うことによって得られたデータを利用して設定される。

②－1－2 直接材料の予定価格の設定

製造現場の管理者にとって，直接材料の購入価格は管理不能である。一般的には，事業部または全社の購買部門が材料の購入価格に対する責任を有する。原価標準の設定にあたっても，標準価格は製造現場の管理者の管理能率の良否の判断からは除外されるべきである。このため，標準価格に

は，予定価格や正常価格が利用される。

②-2　直接労務費標準の設定

直接労務費標準は，直接作業の区分ごとに，次式に基づいて設定される。

　　　直接労務費標準＝製品単位あたりの予定作業賃率×標準直接作業時間

②-2-1　標準直接作業時間の設定

標準直接作業時間を設定するには，その前提となる作業の種類，使用する機械，作業手順および作業に従事する作業者の熟練度などを明確に決定しておくことが必要である。これらの前提の下で，作業者の動作研究および時間研究を行うことで，標準直接作業時間設定のための基礎的なデータを得ることができる。また，比較的類似した作業に関わる過去の作業時間に関するデータに基づいて，作業時間を見積もる方法もある。

②-2-2　予定賃率の設定

直接労務費標準の設定には，直接工の職種別または部門別に設定された予定平均賃率または正常平均賃率が適用される。標準賃率については，工員の組み合わせなど，ある程度製造現場の管理者の裁量の余地もあるが，なお管理不能な要素が大きいためである。

②-3　製造間接費標準の設定

製造間接費は，製品との関連性が直接的には認識されない。このため，製造間接費標準の設定は，製造直接費の原価標準の設定方法とは大きく異なる。

製造間接費標準の設定にあたって，まず，製造部門別に一定期間の製造間接費予算を設定する。次に，製造部門ごとの製造間接費標準配賦率を算定する。

$$製造間接費標準配賦率 = \frac{製造間接費予算}{基準操業度}$$

基準操業度とは，次年度に予定される操業度の大きさであり，典型的には直接作業時間や機械運転時間で測定される。

この製造間接費標準配賦率に，各製品の配賦基準量を適用することで製品単位あたりの製造間接費標準が設定される。

製造間接費標準＝標準配賦率×製品単位あたりの配賦基準量

製造間接費予算の設定には，固定予算と変動予算と呼ばれる方法がある。固定予算では，予算設定にあたって，基準となる操業度を1つに決め，この操業度のもとでの製造間接費予算が設定される。製造活動が行われた後に，実際の操業度が事前に予定した基準操業度と異なる場合でも，製造間接費の実際発生額は，この基準操業度のもとでの予算額と比較される。

これに対して，変動予算では，次年度に生じる可能性のあるいくつかの操業度のもとでの製造間接費予算を過去のデータに基づいて設定する。事後的な原価差異の算定にあたっては，実際の操業度のもとでの製造間接費予算を計算し，これと製造間接費の実際発生額とを比較する。同一の操業度のもとでの予算額と原価の実際発生額を比較することによって，原価管理上有用な情報を提供することができる。

しかしながら，2010年から2011年にかけて，NIKKEI-NEEDSのデータベースに登録のあった製造企業1,283社を対象とした清水・小林・伊藤・山本による調査では，回答企業200社のうち，固定予算を利用している企業が138社（69.0%）にのぼり，変動予算を利用している企業は45社（22.5%）であった（清水他，2011）。同様の結果は，日本大学商学部によって2011年度から2012年度にかけて実施された東京証券取引所第1部・第2部に上場されている企業2,035社を対象とした調査においても見られる。回答企業72社のうち，固定予算を利用している企業が56社（77.8%）であり，変動予算を利用している企業は15社（20.8%）であった（新江，2014）。

変動予算の設定方法には，実査法（多桁式変動予算）と公式法がある。実査法は，基準操業度の周りに，次期に予想される操業度を一定間隔で設定し，それらの操業度に対応する製造間接費の金額を費目別に設定する方法である。費目ごとの金額の設定にあたっては，「会計担当者や現場管理者の判断」（小林，1988，p.27）が重視される。さらに，小林（1988）は，公式法と比較して実査法に基づく変動予算の設定方法について，正確性のチェックには問題があること

を認めつつ，次のように述べている (p.28)。

> 実査法で明らかになる関係は，必ずしも一次回帰分析で明らかにされる線形式よりも現実を表していないとはいえない。現実の関係が線形ではない場合には，実査法の方が現実をよりよく表わしているかもしれない。

公式法では，過去のデータに統計的な手法を適用し，製造間接費を変動費の部分と固定費の部分とに分解し，製造間接費予算を次式で表す。

製造間接費予算額＝変動費率×操業度＋固定費総額

②－4　製品単位あたりの原価標準の設定

製品単位あたりの原価標準は，製品単位あたりに設定された直接材料費標準，直接労務費標準さらに製造間接費標準を合計することで算定される。この原価標準は，標準原価カード（標準原価表）にまとめられる。

図表12-2　標準原価カード

標準原価カード

製品名　A製品

平成＊7年4月1日～平成＊8年3月31日

直接材料費	標準価格	標準消費量	金額	合計
A材料	700円	1kg	700円	
B材料	900円	2kg	1,800円	2,500円
直接労務費	標準賃率	標準作業時間	金額	合計
甲職種工	980円	2時間	1,960円	
乙職種工	1,050円	1時間	1,050円	3,010円
製造間接費	標準配賦率	配賦基準量	金額	合計
第1製造部	500円	2時間	1,000円	
第2製造部	750円	1時間	750円	1,750円
A製品単位あたりの標準製造原価				7,260円

(2)　標準原価の算定

月末時点で，製品の実際生産量が確定すると，標準原価カードに記載された原価標準に，この実際生産量を適用することで，実際生産量に対する標準原価

が算定される。

⑶　実際原価の把握

当月の実際原価の発生額が把握される。

⑷　標準原価計算による原価差異の把握と分析

①　原価差異の把握方法

原価差異の把握方法には，インプット法とアウトプット法がある。

インプット法は，直接材料や直接作業の投入時点で，原価差異を認識する方法であり，原価管理上有効な情報を提供することができる。ただし，インプット法を適用する場合には，たとえば，直接材料が倉庫から製造現場へ出庫された時点で，出庫された直接材料の量が，どれだけの生産量と結びついているのかが事前にわかっていることが必要である。実際に出庫された量とある生産量に対して本来出庫されるべきであった直接材料の量とが比較されることで，直接材料の消費数量差異を把握することが可能となる。このため，一般的には，インプット法は受注生産形態の企業で適用可能である。

これに対して，アウトプット法は，実際の製造活動が実施され，実際生産量が確定された後に，製品単位あたりの原価標準を適用することで，標準原価を算定し，これと実際発生原価とを比較し，原価差異を把握する方法である。この方法は見込み生産形態の企業で適用される。

なお，インプット法は，勘定記入において，シングル・プランと，アウトプット法はパーシャル・プランと結びつく。

以下の原価差異の分析は，アウトプット法を前提としている。

②　標準原価計算の原価差異分析

標準原価と原価の実際発生額との間に生じた原価差異が把握されるとともに，その分析が行われる。原価差異分析は，「原価差異を財務会計上適正に処理して製品原価および損益を確定するとともに，その分析結果を各階層の経営管理者に提供することによって，原価の管理に資すること」[3]が目的である。原価差異分析は，直接材料費，直接労務費および製造間接費の原価要素別に行われる。

②-1 直接材料費の差異分析

　直接材料費総差異は，実際生産量における直接材料の標準原価から直接材料費の実際発生額を控除した金額である。標準原価は，予定（標準）消費価格に標準消費量を乗じて計算される。ここで，標準消費量は製品の実際生産量に製品単位あたりの直接材料標準消費量を乗じて計算される。

　　　図表12-3　直接材料費の総差異およびその分析

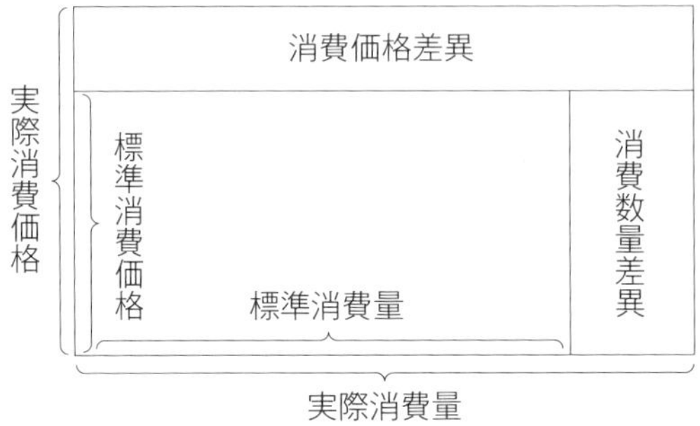

すなわち，直接材料費の総差異は，次の式で表される。

　　　直接材料費総差異＝標準直接材料費－直接材料費の実際発生額
　　　　　　　　　　　＝予定消費価格×標準消費量－実際消費価格×実際消費量

　直接材料費総差異は，その発生原因に基づいて，材料消費価格差異と材料消費数量差異の部分に分解できる。原価差異分析の目的は，製造現場の管理者の責任を明確化すること，および適切な是正措置を講じることにある。このため，直接材料費総差異は，消費価格の変動が原因となった部分と消費数量の変動が原因となった部分とに分解されるのである。

　　　材料消費価格差異＝（予定消費価格－実際消費価格）×実際消費量
　　　材料消費数量差異＝予定消費価格×（標準消費量－実際消費量）

　ここで問題となるのは，「（予定価格－実際価格）×（標準消費量－実際消費量）」の部分である。この部分は，混合差異とも呼ばれる。混合差異は，これを別個に取り出さない場合には，価格差異の部分に含められる。これは，製造部門の

管理者にとって，価格の変動に起因する原価差異の部分は管理不能であるため，これらをひとまとめにすることで，直接材料の消費能率の良否に関わる部分だけを取り出すためである。

なお，各差異の金額を把握するだけではなく，その差異が発生した原因を追究し，必要な是正措置を講じる。材料消費価格差異が発生する原因としては，材料の市場価格が事前の予測とは異なる変動を見せたこと，購買部門によるサプライヤーの選定上の問題また当該サプライヤーとの間で結んだ購入契約上の問題，さらに不適切な予定価格の利用などがある。他方，材料消費数量差異が生じる主な原因としては，材料の品質上の問題，使用した機械・工具の問題，工員の側の人的な問題および標準消費量の設定における不適当な標準の設定が考えられる。

例題12−1

自転車部品を製造しているある工場の標準原価カードは次のとおりである。当月，この工場では，自転車部品を510個製造した。当月の材料の実際価格は，515円であった。また，この材料の実際消費量は1,887kgであったとして直接材料費総差異を計算し，それを消費価格差異と消費数量差異の部分に分析せよ。

	標準原価カード		
	標準価格	標準消費量	金額
直接材料費	500円／kg	3.5kg	1,750円
	標準賃率	標準作業時間	金額
直接労務費	1,050円／時	10時間	10,500円
	標準配賦率	標準作業時間	金額
製造間接費	450円／時	10時間	4,500円
製品単あたりの標準製造原価			16,750円

解 答

この自転車部品製造工場における当月の直接材料の標準消費量は，
　　3.5kg×510個=1,785kg
である。

直接材料費総差異=500円×1,785kg−515円×1,887kg=−79,305(不利差異)

ここでは，直接材料費の実際発生額が標準原価を上回っているため，この原価差異を不利差異と呼ぶ。逆の状況は，有利差異と呼ばれる。

これを材料消費価格差異の部分と材料消費量差異の部分とに分解する。

材料消費価格差異=(500−515)×1,887=−28,305(不利差異)
材料消費量差異=500×(1,785−1,887)=−51,000(不利差異)

②−2 直接労務費の差異分析

直接労務費の総差異は，実際生産量における標準直接労務費から，当月の直接労務費の実際発生額を控除した部分である。

図表12-4 直接労務費の総差異およびその分析

直接労務費総差異=標準直接労務費−直接労務費の実際発生額
　　　　　　　　=予定消費賃率×標準作業時間−実際消費賃率×実際作業時間

この直接労務費総差異の部分は，消費賃率差異の部分と作業時間差異の部分とに分解される。

消費賃率差異=(予定消費賃率−実際消費賃率)×実際作業時間
作業時間差異=予定消費賃率×(標準作業時間−実際作業時間)

消費賃率差異が生じる主な原因としては，賃金水準の変動，予定されていた熟練度の作業者とは異なる作業者が実際の作業に当たったことおよび不適切な予定賃率の利用などがある。作業時間差異が発生する主な原因としては，作業

者の作業能率の低下，作業方法や作業環境自体の変更および不適切な作業時間標準の利用などが考えられる。

例題12−2

例題12−1に基づいて，当該工場の直接労務費について原価差異分析を行うことになった。当月の実際の賃率は，1,100円/時であった。また，実際の作業時間が5,150時間であったとして直接労務費総差異を計算し，それを消費賃率差異と作業時間差異の部分に分析せよ。

解 答

この自転車部品製造工場における当月の標準作業時間は，
　　10時間×510個=5,100時間
である。
　　直接労務費の総差異=5,100×1,050−5,150×1,100=−310,000（不利差異）
これを消費賃率差異の部分と作業時間差異の部分とに分解する。
　　消費賃率差異=(1,050−1,100)×5,150=−257,500（不利差異）
　　作業時間差異=1,050×(5,100−5,150)=−52,500（不利差異）

②−3　製造間接費の差異分析

製造間接費の予算設定については，事後的な原価差異分析との関係で，固定予算と変動予算という2つの方法があった。ここでは，それぞれの予算編成方法の場合に，どのような原価差異分析が行われるかを説明する。なお，月間の基準操業度は直接作業時間で表わされていると仮定する。

（ア）　固定予算による場合の製造間接費の差異分析

製造間接費の総差異は，製造間接費の標準配賦率に実際生産量の時の標準操業度，すなわち標準直接作業時間を乗じたものから製造間接費の実際発生額を控除した金額である。

　　製造間接費総差異=標準配賦率×標準直接作業時間
　　　　　　　　　　−製造間接費の実際発生額

製造間接費の標準配賦率は，製造間接費予算額を基準操業度で除することで計算される．

$$製造間接費標準配賦率 = \frac{製造間接費予算額}{基準操業度（直接作業時間）}$$

次に，実際に製造活動が行われ，実際生産量が判明した後に，実際生産量のときの標準直接作業時間を求める．

$$標準直接作業時間 = 製品単位あたりの標準直接作業時間 \times 実際生産量$$

固定予算に基づく製造間接費の原価差異分析について，ここでは一般的な三分法を前提に説明する．予算差異は事前に設定された基準操業度のもとでの製造間接費予算額から製造間接費の実際発生額を控除して計算される．固定予算による原価差異分析の場合には，実際操業度が予定された基準操業度と異なる場合においても，製造間接費の実際発生額と比較の対象となるのは，基準操業度のときの製造間接費予算額であった．

$$予算差異 = 基準操業度のときの製造間接費予算額 - 製造間接費実際発生額$$

操業度差異は，実際操業度における製造間接費標準配賦額と基準操業度のもとでの製造間接費予算額との差額である．

$$操業度差異 = 標準配賦率 \times 実際直接作業時間 - 製造間接費予算額$$

能率差異は，ある生産量を達成するための標準的な作業時間に製造間接費標準配賦率を乗じた金額から，その生産量を達成するために実際にかかった作業時間に製造間接費標準配賦率を乗じた金額を控除した金額である．

$$能率差異 = 標準配賦率 \times 標準直接作業時間 \\ - 標準配賦率 \times 実際直接作業時間$$

これらを図示すると次のようになる．

図表12-5 製造間接費の差異分析(固定予算)

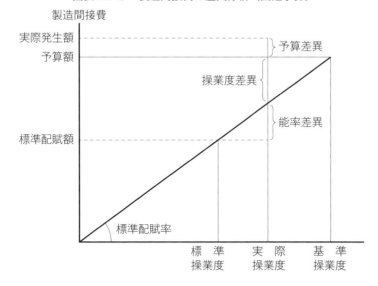

例題12-3

当工場では製造間接費の予算設定にあたって固定予算を採用している。例題12-1および12-2に次の情報を加味して、製造間接費の差異分析を行いなさい。なお、基準操業度は直接作業時間で表され、当月の基準操業度は5,200時間とする。当月の製造間接費の実際発生額は2,355,000円である。

解 答

実際生産量のときの標準直接作業時間は、
　標準直接作業時間=10時間／個×510個=5,100時間

また、製造間接費の標準配賦率は、標準原価カードより450円／時である。基準操業度が5,200時間であるので、
　製造間接費予算額=450円／時×5,200時間=2,340,000円

以上のことから、
　製造間接費総差異=450×5,100－2,355,000=－60,000（不利差異）
　予算差異=2,340,000－2,355,000=－15,000（不利差異）
　操業度差異=450×5,150－2,340,000=－22,500（不利差異）
　能率差異=450×5,100－450×5,150=－22,500（不利差異）

(イ) 変動予算による場合の製造間接費の差異分析

固定予算を利用した原価差異分析には，すでに指摘したように原価管理上，問題がある。このため，事後的な原価管理の観点からは，製造間接費予算を設定する場合に，変動予算を利用する方が望ましい。

ここでは，公式法を利用して製造間接費の変動予算を設定していると仮定する。公式法によって製造間接費予算の設定を行うためには製造間接費を固定費部分と変動費部分とに分解することが必要である。

製造間接費予算＝変動費率×操業度＋固定費総額

なお，製造間接費の標準配賦率は，次式で表わすことができる。

$$製造間接費標準配賦率 ＝ 変動費率 ＋ \frac{固定費総額}{基準操業度}$$

変動予算を用いた差異分析には二分法，三分法の1，2および四分法など多様な方法がある。ここでは，まず二分法について説明する。二分法では，製造間接費の総差異が製造現場の管理者にとって管理可能な部分（管理可能差異）と操業度差異とに二分される。

変動予算における製造間接費の総差異も以下のように表わすことができる。

製造間接費の総差異＝標準配賦率×標準直接作業時間
　　　　　　　　　－製造間接費の実際発生額

管理可能差異は，実際生産量に対して許容される標準直接作業時間に対する製造間接費の予算額から製造間接費の実際発生額を控除した部分である。

管理可能差異＝（変動費率×標準直接作業時間＋固定費総額）
　　　　　　　－製造間接費実際発生額

操業度差異は，操業度の差異に起因する固定費の配賦差異である。この部分は，製造部門の管理者にとって，短期的には管理不能な部分である。操業度差異は，実際生産量の標準直接作業時間における製造間接費の標準配賦額と標準直接作業時間における製造間接費予算額との差額である。

操業度差異＝（標準配賦率×標準直接作業時間）
　　　　　－（変動費率×標準直接作業時間+固定費総額）

この式を変形すれば，

操業度度差異＝（変動費率＋$\dfrac{固定費総額}{基準操業度}$）×標準直接作業時間
　　　　　－（変動費率×標準直接作業時間+固定費総額）

　　　　＝$\dfrac{固定費総額}{基準操業度}$×標準直接作業時間－固定費総額

　　　　＝$\dfrac{固定費総額}{基準操業度}$×（標準直接作業時間－基準操業度）

このことから，操業度差異は固定費の配賦差異を示しているといえよう。これらを図で示すと次のようになる。

図表12-6　製造間接費の差異分析（変動予算，二分法）

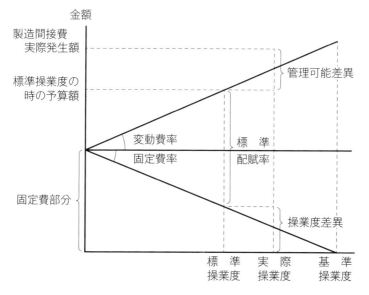

[三分法の１]（ただし，１と２の区分は便宜的なものである。）

　三分法には，具体的な分解の方法に２つの方法がある。これを便宜的に三分法の１および三分法の２と呼ぼう。

　三分法の１では，二分法の管理可能差異の部分が予算差異と能率差異の部分に分解される。予算差異は，実際操業度のもとでの予算額と製造間接費の実際発生額との差異である。能率差異は，標準操業度のもとでの製造間接費の予算額と実際操業度のもとでの製造間接費予算額との差異である。なお，操業度差異は二分法における場合と同じである。これを式で表わせば次のようになる。

　　予算差異＝（変動費率×実際直接作業時間＋固定費総額）－製造間接費実際発生額
　　能率差異＝（変動費率×標準直接作業時間＋固定費総額）
　　　　　　－（変動費率×実際直接作業時間＋固定費総額）

[三分法の２]

　三分法の２は，予算差異の部分は三分法の１と同じであるが，能率差異および操業度差異への分解方法が異なるものである。

　三分法の２では，能率差異は実際直接作業時間のもとでの製造間接費の配賦額と実際生産量を達成するために許容された標準直接作業時間との差額を意味している。また，この方法では，操業度差異は実際直接作業時間における製造間接費標準配賦額と実際直接作業時間のもとでの予算額との差額である。これらを式で表わせば次のようになる。

　　能率差異＝標準配賦率×標準直接作業時間－標準配賦率×実際直接作業時間
　　操業度差異＝標準配賦率×実際直接作業時間
　　　　　　　－（変動費×実際直接作業時間＋固定費総額）

図表12-7 製造間接費の差異分析（変動予算，三分法－1，2）

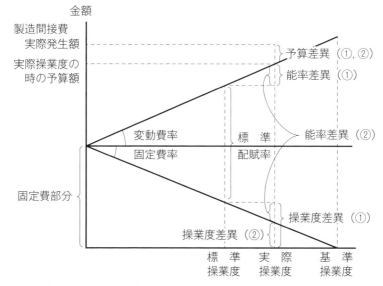

（注）①は三分法の1を，②は三分法の2を示している。

[四分法]

四分法では，製造間接費差異を予算差異，変動費能率差異，固定費能率差異および操業度差異の部分に分解する。

予算差異＝（変動費率×実際直接作業時間＋固定費総額）－製造間接費実際発生額
変動費能率差異＝（変動費率×標準直接作業時間＋固定費総額）
　　　　　　　－（変動費率×実際直接作業時間＋固定費総額）
　　　　　　＝変動費率（標準直接作業時間－実際直接作業時間）
固定費能率差異＝固定費配賦率×（標準直接作業時間－実際直接作業時間）
操業度差異＝標準配賦率×実際直接作業時間
　　　　　－（変動費率×実際直接作業時間＋固定費総額）

図表12-8 製造間接費の差異分析（変動予算，四分法）

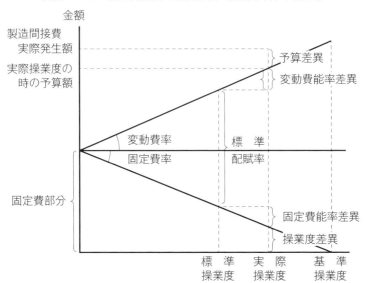

これらの製造間接費の差異分析の方法を比較すると次のようになる。

二分法	三分法の1	三分法の2	四分法
管理可能差異	予算差異	予算差異	予算差異
	能率差異	能率差異	変動費能率差異
管理不能差異			固定費能率差異
	操業度差異	操業度差異	操業度差異

例題12-4

当工場では製造間接費の予算設定にあたって公式法による変動予算を採用している。**例題12-1，12-2および12-3**に次の情報を加味して，製造間接費の差異分析を行いなさい。なお，固定費は1,300,000円であるとする。

解 答

標準原価カードより,製造間接費の標準配賦率は450円/時である。ここで固定費の総額は1,300,000円であるので,固定費率は

$$\frac{1,300,000円}{5,200時間} = 250円/時$$

である。したがって,変動費率は,

$$450円/時 - 250円/時 = 200円/時$$

である。

〈二分法〉

　管理可能差異=(200×5,100+1,300,000)−2,355,000=−35,000
　操業度差異=450×10×510−(200×5,100+1,300,000)=−25,000

〈三分法の１〉

　予算差異=(200×5,150+1,300,000)−2,355,000=−25,000
　能率差異=(200×5,100+1,300,000)−(200×5,150+1,300,000)=−10,000
　操業度差異=450×10×510−(200×5,100+1,300,000)=−25,000

〈三分法の２〉

　予算差異=(200×5,150+1,300,000)−2,355,000=−25,000
　能率差異=450×5,100−450×5,150=−22,500
　操業度差異=450×5,150−(200×5,150+1,300,000)=−12,500

〈四分法〉

　予算差異=(200×5,150+1,300,000)−2,355,000=−25,000
　変動費能率差異=(200×5,100+1,300,000)−(200×5,150+1,300,000)=−10,000
　固定費能率差異=250×(5,100−5,150)=−12,500
　操業度差異=450×5,150−(200×5,150+1,300,000)=−12,500

(3) 原価差異の処理方法

　異常な状態で発生した原価差異には原価性は認められない。この場合，原価差異は営業外損益として計上される。これに対して，正常な状態で発生した原価差異は原価性を有しており，その処理は実際原価計算の処理に順ずる。『原価計算基準』[4]では，次のように規定している。

(1) 原価差異は，材料受入価格差異を除き，原則として当年度の売上原価に賦課する。

(2) 材料受入価格差異は，当年度の材料の払出高と期末在高に配賦する。この場合，材料の期末在高については，材料の適当な種類群別に配賦する。

(3) 予定価格等が不適当なため，比較的多額の原価差異が生ずる場合，直接材料費，直接労務費，直接経費および製造間接費に関する原価差異の処理は，次の方法による。

　・個別原価計算の場合

　　次の方法のいずれかによる。

　　　イ　当年度の売上原価と期末におけるたな卸資産に指図書別に配賦する。

　　　ロ　当年度の売上原価と期末におけるたな卸資産に科目別に配賦する。

　・総合原価計算の場合

　　当年度の売上原価と期末におけるたな卸資産に科目別に配賦する。

12-4 ■標準原価計算の現代的な意義

　標準原価計算による原価管理が効果的に機能するためには，いくつかの前提条件が必要である。本章でも，すでにみてきたように，原価標準を設定するためには，作業の種類，使用する機械，作業手順および作業に従事する作業者の熟練度などを事前に決定しておくことが必要である。また，ここで設定された原価標準が意味を持つのは，それらの前提条件が変わらないという条件の下である。

　しかしながら，今日，企業を取り巻く環境は大きく変化している。顧客ニー

ズの多様化，および顧客ニーズへの対応としての企業の多品種少ロット生産の進展。また，顧客ニーズの多様化や競争の激化に伴う技術革新の加速化に起因する製品のライフ・サイクルの短縮化が顕著である。このような環境に直面した企業では，工場の自動化が進展する傾向がみられる。

　新製品の頻繁な導入は，生産工程の変化をもたらし，原価標準の頻繁な改定を必要とする。また，頻繁な技術革新およびそれに起因する製品ライフ・サイクルの短縮化，新製品の頻繁な導入は標準原価計算の重要な前提となってきた生産工程の安定性自体を失わせている。

　さらに，標準原価計算が主たる対象としてきた原価要素は，直接労務費と直接材料費であった。直接労務費については，工場の自動化の進展が，現場で直接的に製造活動に従事している従業員の数を大幅に減少させた。これによって製造原価に占める直接労務費の割合は大幅に減少している。直接材料費の管理についても，部品や原材料の流れがコンピュータで管理される状況では，標準原価計算による原価管理の意義が低減しているといえよう。

　このような状況では，標準原価計算による原価管理は，効果的には機能し得ない可能性がある。しかしながら，近年実施された郵送質問票調査では，標準原価計算を原価統制目的に利用していると回答した企業が一定の割合存在することが知られている。

　たとえば，清水他（2011）の調査では，回答企業200社のうち，標準原価計算を使用している企業は117社（58.5％）である。それらの企業に標準原価計算の使用目的を複数回答で尋ねたところ，原価統制目的で使用していると回答した企業が92社の78.6％に上った。同様の結果は，川野（2014）においても見られる。ただし，これらの企業には非製造企業も含まれる。この調査の回答企業は187社（回答率9.2％）であったが，標準原価計算を利用していると回答した企業は94社（50.3％）であり，原価統制目的に利用していると回答した企業は94社中，42社（回答率44.7％）であった。これらの調査結果から，製造環境の変化にも関わらず，原価管理目的での標準原価計算の有用性は，なお多くの企業で意識されていることがわかる。この理由を明らかにすることは今後の課題であろう。

[注]
(1) 『原価計算基準』4（一）－2。
(2) 『原価計算基準』4（一）－2。
(3) 『原価計算基準』44。
(4) 『原価計算基準』47。

第12章の問題

12.1　標準原価計算の諸目的について論ぜよ。

12.2　お茶の水自転車工業は，標準原価計算を採用している。製品1単位あたりの原価標準は標準原価カードに示すとおりである。以下の資料に基づいて，次の各問に答えなさい。

① 直接材料費総差異を求め，それを価格差異の部分と数量差異の部分に分解しなさい。

② 直接労務総差異を求め，それを賃率差異と作業時間差異の部分に分解しなさい。

③ 製造間接費総差異を求め，それを二分法，三分法の1，四分法で分解しなさい。

（生産データ）

期首仕掛品	200個	(0.7)
当期投入量	1,200	
投入量合計	1,400	
完成品	1,000	
期末仕掛品	400	(0.6)
産出量合計	1,400個	

なお，材料は工程の始点で全量が投入されているとする。括弧内は進捗度である。

(標準原価カード)

標準原価カード			
	標準価格	標準消費量	金額
直接材料費	300円/kg	4 kg	1,200円
	標準賃率	標準作業時間	
直接労務費	1,100円/時	3時間	3,300円
	標準配賦率	標準作業時間	
製造間接費	600円/時	3時間	1,800円

製造間接費予算　　変動費率　300円　　固定費(月額)　900,000円

当月の実際値
　　直接材料費　　310円/kg×4,450kg=1,379,500円
　　直接労務費　　1,150円/時×3,400時間=3,910,000円
　　製造間接費　　1,900,000円

12.3　標準原価計算の現代的な意義について論ぜよ。

第13章

直接原価計算

13−1 ■直接原価計算の意義

　原価計算は，製品に集計される原価の範囲に基づいて，全部原価計算（absorption costing）と直接原価計算（direct costing）とに区別される。

　前章まで学習してきた全部原価計算では，すべての製造原価が製品に集計された。これに対して，直接原価計算では，原価を変動費的な原価態様を示す製造原価（変動製造原価）と固定費的な原価態様を示す製造原価（固定製造原価）に分類し，変動製造原価のみを製品に集計する。固定製造原価は，それが発生した期間の期間原価として扱われる。したがって，全部原価計算と直接原価計算との相違点は，固定製造原価を製品に集計するか否かである。

　直接原価計算は，後述するように，短期の利益計画のために有用な情報を提供する。ここで，短期利益計画とは，一般に3年程度の期間を対象とする長期（中期）の経営計画を受けて設定される。長期経営計画では財務的な目標の一環として，長期的な利益目標が設定される。短期利益計画では，この長期経営計画に基づく目標利益をブレイクダウンした向こう1年間での目標利益を設定し，それを達成するためのさまざまな方策を立てる。その際に，目標利益を達成するための売上高の大きさ，また売上高の変動に伴い，原価そして結果としての利益がどのように変化するかは重要な情報である。

13-2 ■直接原価計算と全部原価計算による損益計算書

　ここではまず，全部原価計算に基づく損益計算書と直接原価計算に基づく損益計算書を比較しよう。まず，全部原価計算に基づく損益計算書の雛形は次のとおりである。

```
                    損 益 計 算 書
飯田橋自転車工業  20＊5年4月1日から20＊6年3月31日まで      （単位：円）
    売  上  高                          ＊＊＊＊＊
    売 上 原 価
      期首製品棚卸高           ＊＊＊
      当期製品製造原価         ＊＊＊
      合   計                 ＊＊＊
      期末製品棚卸高           ＊＊＊           ＊＊＊＊
    売上総利益                                  ＊＊＊＊
    販売費・一般管理費                           ＊＊＊
    営業利益                                    ＊＊＊＊
```

　直接原価計算に基づく損益計算書としては，たとえば次のようなものがある。

```
                    損 益 計 算 書
飯田橋自転車工業  20＊5年4月1日から20＊6年3月31日まで      （単位：円）
    売  上  高                          ＊＊＊＊＊
    変動売上原価
      期首製品棚卸高           ＊＊＊
      当期製品製造原価         ＊＊＊
      合   計                 ＊＊＊
      期末製品棚卸高           ＊＊＊           ＊＊＊＊
      変動製造差益             ＊＊＊           ＊＊＊＊
    変動販売費                                  ＊＊＊
    限界利益                                    ＊＊＊＊
    固定費
      固定製造原価             ＊＊＊
      固定販管費               ＊＊＊           ＊＊＊
    営業利益                                    ＊＊＊＊
```

直接原価計算に基づく損益計算書では，売上高から変動売上原価を控除した金額を製造差益（または変動製造マージン）と呼ぶ。製造差益から変動販売費を控除した金額が限界利益（または貢献利益）である。ここから，期間原価である固定製造原価や固定販管費を控除して，営業利益を計算する。

　次に，数値例によって，全部原価計算に基づき作成された損益計算書と直接原価計算に基づき作成された損益計算書の営業利益を比較してみよう。なお，事例では，連続した3つの四半期において，製品の販売価格および製造原価は一定であることを仮定している。

【事　例】

　平成27年度の第1四半期から第3四半期における，ある自転車製造企業の生産および販売実績が，次のとおりであったと仮定する。このとき，当該企業の連続する3つの四半期の損益計算書を，全部原価計算の場合と直接原価計算の場合で作成しなさい。

	第1四半期	第2四半期	第3四半期
期首製品有高	0	0	100
当期生産量	500	600	450
当期販売量	500	500	500
期末製品有高	0	100	50

製品1単位あたりの原価データ
　　変動製造原価　　＠50円
　　固定製造原価　　＠25円＊
製品1単位あたりの販売価格　　＠90円
変動販売費　　＠3円
固定販売費・一般管理費　　2,000円（四半期分）
すべての期において，期首・期末に仕掛品は存在しないと仮定する。

　　＊固定製造原価の製品への予定配賦率は四半期ごとの予定操業度600個に基づいて算定している。なお，原価差異（操業度差異）は売上原価に賦課する。

全部原価計算による損益計算書は次のとおりである。

損益計算書（全部原価計算）

	第1四半期	第2四半期	第3四半期
売上高	45,000	45,000	45,000
売上原価			
期首製品棚卸高	0	0	7,500
当期製品製造原価	37,500	45,000	33,750
合　計	37,500	45,000	41,250
期末製品棚卸高	0	7,500	3,750
差　引	37,500	37,500	37,500
原価差異	2,500	0	3,750
合　計	40,000	37,500	41,250
売上総利益	5,000	7,500	3,750
販売費・一般管理費	3,500	3,500	3,500
営業利益	1,500	4,000	250

次に，直接原価計算による損益計算書を作成してみよう。

損益計算書（直接原価計算）

	第1四半期	第2四半期	第3四半期
売上高	45,000	45,000	45,000
変動売上原価			
期首製品棚卸高	0	0	5,000
当期製品製造原価	25,000	30,000	22,500
合　計	25,000	30,000	27,500
期末製品棚卸高	0	5,000	2,500
製造差益	20,000	20,000	20,000
変動販売費	1,500	1,500	1,500
限界利益	18,500	18,500	18,500
固定費			
固定製造原価	15,000	15,000	15,000
固定販管費	2,000	2,000	2,000
営業利益	1,500	1,500	1,500

【事例の検討】

上記の事例では，3つの連続する四半期において，売上高は毎期同額であった。製造原価も一定であることが仮定されていた。ここで，全部原価計算による各四半期の売上高と営業利益，またそのときの販売量，生産量を示せば，次のようになる。

	第1四半期	第2四半期	第3四半期
売上高	45,000円	45,000円	45,000円
営業利益	1,500円	4,000円	250円
販売量	500個	500個	500個
生産量	500個	600個	450個

売上高が毎期一定にもかかわらず，全部原価計算による営業利益額は大きく変化している。売上高と営業利益との関係は一定ではない。この関係を見た経営者はどのような意思決定を行うであろうか。全部原価計算を利用している場合に，経営者は，ある製品の生産量を当該製品の需要量以上に増やすことで，少なくとも見かけ上の利益を増大させることが可能である。このことは，必ずしも販売の可能性のない製品を製造するという誤った意思決定を導く可能性がある。

これに対して，直接原価計算による各四半期の売上高と営業利益の関係を示しておこう。直接原価計算に基づいて作成した損益計算書の営業利益は，このケースでは毎期同額である。

	第1四半期	第2四半期	第3四半期
売上高	45,000円	45,000円	45,000円
営業利益	1,500円	1,500円	1,500円

次に，生産量，販売量および各原価計算方法に基づいて計算された営業利益との関係を整理すると次のようになる。

生産量=販売量
　全部原価計算による営業利益=直接原価計算による営業利益
生産量＞販売量
　全部原価計算による営業利益＞直接原価計算による営業利益
生産量＜販売量
　全部原価計算による営業利益＜直接原価計算による営業利益

　両者の営業利益に差異をもたらしているのは，生産量と販売量との関係であると考えられる。生産量が販売量を上回っている第2四半期では，全部原価計算によって算出された営業利益が直接原価計算によって算出された営業利益よりも大きい。生産量が販売量を上回っている状況では，当期に製造された製品の一部が期末の製品棚卸高すなわち在庫となる。

　全部原価計算では，変動費に加え，固定費の配賦額も製造原価の一部として計算される。当期に製造されたが，販売されずに次期に繰り越される製品在庫が存在する場合，当該製品に配賦された固定製造原価の配賦額も次期に繰り越されることとなる。

　これに対して，直接原価計算では，固定製造原価は期間原価として，発生した期間の売上高から全額控除されている。このために，全部原価計算で計算した営業利益は製品在庫の一部として繰り越された固定費の配賦額の分だけ大きく計算されるのである。直接原価計算では，売上高と利益との関係が明確である。売上高と，売上高から変動費のみを控除して算出した限界利益との間にも明確な関係性が存在する。このことは，企業が短期的な利益計画を設定しようとするさいに有用な情報を提供することができる。

13－3 ■生産量・販売量および営業利益の間の関係の一般化

　次に，これらの関係を数式で示してみよう。ここでは，各文字を以下のように定義する。

v：単位あたりの変動費
F：固定製造原価の総額
Q_p：生産量
Q_s：販売量
P：単位あたり販売価格
SC：販売費・一般管理費（なお，販売費・一般管理費はすべて固定費とする。）

全部原価計算のもとでの営業利益をOPabsorpとすれば，

$$OPabsorp = P \cdot Q_s - \left(v + \frac{F}{Q_p}\right) \cdot Q_s - SC$$

次に，直接原価計算のもとでの利益をOPdirectとすれば，

$$OPdirect = P \cdot Q_s - v \cdot Q_s - (F + SC)$$

ここで，全部原価計算による営業利益から直接原価計算による営業利益を控除すれば，

$$\begin{aligned}
&OPabsorp - OPdirect \\
&= P \cdot Q_s - \left(v + \frac{F}{Q_p}\right) \cdot Q_s - SC - \{P \cdot Q_s - v \cdot Q_s - (F + SC)\} \\
&= F - \left(Q_s \cdot \frac{F}{Q_p}\right) \\
&= F\left(1 - \frac{Q_s}{Q_p}\right) \\
&= \frac{F}{Q_p} \cdot (Q_p - Q_s)
\end{aligned}$$

この式より，全部原価計算による営業利益と直接原価計算による営業利益との差額は固定費を生産量で除した固定費配賦率の部分と（$Q_p - Q_s$），すなわち生産量と販売量との差の積である。このことは，既述のように両者の差額が当期に外部に販売されず，在庫となった製品に含まれる固定的な製造原価の部分であることを意味している。

13−4 ■期末における固定費調整

　公表財務諸表の作成目的では，全部原価計算を利用することが必要である。直接原価計算で算定された利益数値はそのままでは公表財務諸表の作成目的には利用することができない。この理由の1つは，直接原価計算を適用する場合には，すべての費用を変動費と固定費とに分類する必要があるが，この局面で恣意性が入り込む余地があるためである。このため，直接原価計算を行っている企業が，会計期末に公表財務諸表を作成する場合には，直接原価計算で算定された営業利益を全部原価計算で算定された営業利益に調整することが必要とされる。

　全部原価計算による営業利益と直接原価計算による営業利益との差額が生じる理由は，両者における固定製造原価の扱いの違いであった。

　すなわち，全部原価計算では，固定製造原価も製造原価の一部を構成している。このため，当期に販売された部分については売上原価の一部を構成し，当期に売れずに次期に繰り越された製品在庫の製造原価の一部も構成している。

　これに対して，直接原価計算では，固定製造原価は全額それが発生した期の期間原価として扱われる。このために，問題となるのは，期首の棚卸資産と期末の棚卸資産に含まれる固定製造原価の部分である。

　全部原価計算による営業利益は，直接原価計算により営業利益よりも，期末の棚卸資産に含まれ次期に繰り越される固定製造原価の分だけ大きくなる。逆に，それは，期首の棚卸資産に含まれる固定製造原価の分だけ小さくなる。したがって，両者の間には次の関係が成り立つ。

　　　直接原価計算による営業利益
　　　　　＋期末棚卸資産に含まれる固定製造原価
　　　　　－期首棚卸資産に含まれる固定製造原価
　　　　＝全部原価計算による営業利益

13−5 直接標準原価計算

　本章でも述べてきたように直接原価計算は本来，短期利益計画や利益管理目的に有用な情報を提供することを意図している。この直接原価計算と原価管理に有用な情報を提供する標準原価計算を組み合わせたものが直接標準原価計算と呼ばれる。

　直接標準原価計算では，変動費の部分と固定費である期間原価の部分に，それぞれ適切な原価管理の手法を適用することが可能である。変動費の部分には標準原価計算を適用し，期間原価である固定費の部分には予算を適用することが可能である。

　なお，直接標準原価計算を適用した場合の原価差異分析については直接材料費と直接労務費については全部原価計算の場合と同様であるが，製造間接費についての原価差異の分析が異なる。

13−6 直接原価計算の利点と問題点

　直接原価計算の利点として次の諸点が指摘できる。

　第1に，全部原価計算では営業利益額は生産量と販売量との関係に依存する。これに対して，直接原価計算では，営業利益額は販売量のみに依存する。売上高と営業利益の動きが一致する直接原価計算の特性は，非常にわかりやすく，短期的な利益計画にも有用な情報を提供することができる。これに対して，全部原価計算によって算出された営業利益の動きは，計算メカニズムを理解していない経営者・管理者にとっては理解しづらいし，誤った意思決定を導く可能性もある。

　第2に，期末時点で販売されずに残った製品または仕掛品は，次期以降に販売されるとは限らない。まったく販売できないケースもあれば，かなりの割引を行って販売されるケースもある。全部原価計算では，これらの棚卸資産の価値が変動費と固定費の部分から構成されている。これは，直接原価計算による

場合に比べ，棚卸資産の価値が大きく計算されていることを意味する。このことは，将来的な販売が不確かな在庫の価値を大きく計算してしまっていることを意味している。

第3に，直接原価計算は，各製品について限界利益を明らかにすることで，自製か外注かの決定，また追加的な注文を引き受けるべきか否かの問題など，経営の特殊な問題にも有用な情報を提供してくれる。

他方で，直接原価計算を実行するためにはコストもかかる。外部報告のための会計は全部原価計算によって行われるので，直接原価計算を行う場合でも何らかの形で全部原価計算を行わなければならない。このことは，事務コストの面である程度の負担になるであろう。

第13章の問題

13.1　直接原価計算の意義について論ぜよ。

13.2　飯田橋自転車工業は自転車部品P2を量産している。次の資料に基づいて，全部原価計算による場合と，直接原価計算による場合とで当月の損益計算書を作成しなさい。また，直接原価計算に基づいて作成した営業利益を全部原価計算による営業利益に調整すること。ただし，期首，期末時点で仕掛品はないものと仮定する。原価配分は先入先出法によること。

当月の生産量・販売量

期首製品在庫数量	250個
当期製品製造数量	1,250個
期末製品在庫数量	300個
当期販売数量	1,200個

（製造原価データ）

	変動製造原価	固定製造原価
期首製品製造原価	10,000円	5,000円
当期製造費用	52,500円	25,000円

製品1単位あたりの販売価格　　　150円
販売費および一般管理費
　変動費部分　製品1単位あたり　　20円
　固定費部分（月額）　　　　　60,000円

13.3 市ヶ谷工業は製品I–1を量産している。次の資料から当月の損益計算書を全部原価計算による場合と直接原価計算による場合とで作成しなさい。ただし，直接材料は工程の始点で全量を投入している。括弧内は進捗度を示している。仕掛品評価ならびに製品の庫出単価の計算は先入先出法によること。

当月の生産量・販売量

期首仕掛品	150個 (0.6)	期首製品在庫量	250個	
当期投入量	1,050個	当月完成量	1,000個	
投入合計	1,200個	合　計	1,250個	
期末仕掛品	200個 (0.5)	期末製品在庫量	200個	
完成品数量	1,000個	当月販売量	1,050個	

（製造原価データ）

	直接材料費	変動加工費	固定加工費
期首仕掛品原価	37,500円	50,000円	100,000円
当期製造費用	154,350円	212,100円	449,450円

期首製品原価
　直接材料費　　21,000円
　変動加工費　　30,000円
　固定加工費　　36,000円

販売費・一般管理費
　変動販売費　　　　　　　　　　　　30円／個
　固定販売費および一般管理費　　　150,000円

販売価格は製品1個あたり¥1,200である。

第14章

CVP分析

14−1 ■CVP分析の意義

　企業が短期の利益計画を設定する際には，売上高（または販売量）の変化に応じて利益がどのように変化するのか，または次年度の目標利益を達成するためにはどの程度の売上高を達成すべきであるのかという情報が不可欠であろう。CVP分析を利用することで，企業はこのような情報を獲得することができる。

　CVP分析は，cost（原価），volume（営業量）そしてprofit（利益）の関係を分析するための手法である。ここで，営業量は一般的に，売上高または販売量で表される。

14−2 ■CVP図表

　ここでは，CVP関係をグラフ上に表現してみよう。

　いま，グラフの横軸に営業量をとる。縦軸は費用等の金額を示すものとする。営業量を売上高で表現すれば，製品単位あたりの価格を一定とすると，グラフ上に示される総収益線（売上高線）は原点から45度の直線で表すことができる。

　次に，このグラフ上に費用に関する情報を書き入れよう。CVP分析では，後述するように，すべての費用は，営業量の増減に伴って，総額が比例的に増減する変動費と，営業量の増減に関わらず一定額が発生する固定費とに分けることができると仮定されている。ここでは，グラフ上に，まず固定費を，そしてその上に変動費を上乗せして描くことにする。これによって描かれた直線は総費用線と呼ばれる。

総収益線と総費用線とはグラフ上に示されているように，ある一点で交差している。この点では，総収益と総費用とが一致しているために，利益も損失も発生していない。この点を損益分岐点（break-even point）と呼ぶ。予想される（または実際の）売上高が，損益分岐点のときの売上高よりもグラフ上で右側に位置すれば利益が発生する。逆に，この点よりも売上高が下回る状況であれば損失が発生することがわかる（図表14-1）。

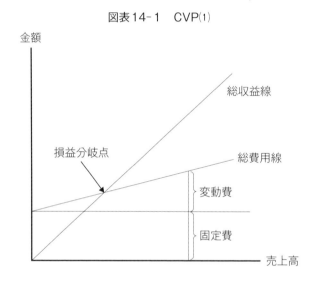

図表14-1　CVP(1)

これに対して，はじめに変動費をグラフ上に描き，その上に固定費を上乗せして，CVP図表を描くことも可能である。この形式のCVP図表では，売上高から変動費部分を控除した限界利益（貢献利益）をグラフ上に明示できるメリットがある（図表14-2）。

図表14-2 CVP(2)

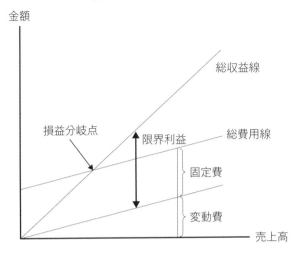

　売上高から変動費を差し引いた限界利益は，固定費の回収に寄与し，さらに固定費を回収する以上に限界利益が大きなときには，企業に利益をもたらすこととなる。

14-3 ■CVP分析の基本モデル

　次に，CVP分析の関係を数式で示してみよう。ここでは，各変数を以下のように定義する。

　　x：販売量（=生産量）
　　v：製品1単位あたりの変動費
　　F：総固定費
　　P：利益
　　s：製品1単位あたりの販売価格

(1) **損益分岐点のときの販売数量ならびに売上高**

利益Pは，総収益から総費用を控除して求めることができるので，次のように表される。

$$P = s \cdot x - (v \cdot x + F)$$

これを変形すると，次のようになる。

$$P = (s-v) \cdot x - F$$

ここで，企業の損益がゼロとなる特殊なケースを考えてみよう。これは，すでに説明したように，損益分岐点と呼ばれる点である。

したがって，上式のPに0を代入する。

$$0 = (s-v) \cdot x - F$$

これをxについて解けば，損益分岐点のときの販売量（生産量）を求めることができる。いま，損益分岐点のときの販売量をx_{bep}とすると，

$$x_{bep} = \frac{F}{s-v}$$

この式の分母は，製品単位あたりの販売価格から変動費を控除したもので，製品単位当たりの限界利益を示している。すなわち，損益分岐点のときの販売量は固定費の総額を製品単位あたりの限界利益の大きさで除した値であるということができる。

また，損益分岐点のときの売上高を知りたい場合には，上記で算出したx_{bep}に製品単位あたりの販売価格であるsを乗じて$s \cdot x_{bep}$となる。または，次のようにして導出することもできる。

$$P = s \cdot x - (v \cdot x + F)$$

損益分岐点のときの売上高を求めるために，P=0を代入すると，

$$0 = s \cdot x - (v \cdot x + F)$$

$$s \cdot x - v \cdot x = F$$

$$s \cdot x \left(1 - \frac{v}{s}\right) = F$$

したがって，

$$\text{損益分岐点のときの売上高} \, s \cdot x = \frac{F}{1 - \frac{v}{s}}$$

ここで，$\frac{v}{s}$ は変動費率である。また，$1 - \frac{v}{s}$ は限界利益率（貢献利益率）である。

(2) **目標利益を達成する売上高の大きさ**

　企業が短期利益計画を設定する状況では，次年度の目標利益または目標利益率を達成するための売上高を求めることが必要な状況も多い。ここではまず，短期利益計画の目標設定が利益額でなされている場合を想定しよう。いま，ある企業が一定の目標利益額を次年度に達成したいと考えている。この場合，目標利益額を達成するための売上高は次式で求められる。

$$\text{目標利益額を達成するための売上高} = \frac{F + \text{目標利益額}}{1 - \frac{v}{s}}$$

　また，目標が一定の利益率で設定されている状況を考えよう。たとえば，次年度に一定の売上利益率を達成したいと考えている場合，次のようになる。

$$\text{目標売上利益率を達成するための売上高} = \frac{F}{\left(1 - \frac{v}{s}\right) - \text{目標売上利益率}}$$

(3) **安全余裕率と損益分岐点比率**

　安全余裕率とは，企業が次年度に予定している売上高と損益分岐点のときの売上高との差を，次年度に予定する売上高で除して求められる比率である。ま

たは，実際の売上高を使用することで，現時点での安全余裕率を求めることも可能である。

$$安全余裕率 = \frac{次年度の予定売上高 - 損益分岐点のときの売上高}{次年度の予定売上高}$$

次年度に期待される売上高が，損益分岐点の売上高を上回るほど，すなわち上の式の分子の部分が大きくなることが，企業にとって望ましい状況であるといえる。このとき，安全余裕率は1に近づく。これは，安全余裕率が1に近づくほど，仮に企業が予定していた売上高を達成できなかった場合にも，ある程度環境の変化に対応できる可能性があるためである。

なお，1から安全余裕率を引いた数値を損益分岐点比率と呼ぶ。

$$損益分岐点比率 = 1 - 安全余裕率$$

例題14－1

飯田橋電機はある製品の生産を行っている。製品の販売価格およびその原価に関するデータは次のとおりである。このとき，損益分岐点の売上高を求めなさい。また，この企業は次年度に1,500,000円の目標営業利益をあげたいと考えている。このとき，当該企業は売上高をどの程度獲得する必要があるか。

製品の販売価格		¥2,500
製造原価　変動費（製品1単位あたり）		¥475
固定費		¥2,500,000
販売費・一般管理費		
変動費部分（製品1単位あたり）		¥150
固定費部分		¥2,000,000

> 解　答

固定費の金額は,
2,500,000+2,000,000=4,500,000（円）
また，変動費の金額は,
475+150=625（円）
これらのことより,

$$\text{損益分岐点のときの売上高} = \frac{4,500,000}{1 - \dfrac{625}{2,500}} = 6,000,000 円$$

$$\text{目標利益1,500,000円を達成するための売上高} = \frac{4,500,000+1,500,000}{1 - \dfrac{625}{2,500}} = 8,000,000 円$$

14－4 ■ CVP分析を行うにあたっての仮定

　これまでの記述からも明らかなように，CVP分析を適用するにあたっては，いくつかの仮定が不可欠である。それらは，以下のものである。
⑴　すべての費用が変動費の部分と固定費の部分とに分解される。
⑵　正常操業圏の範囲では，変動費は操業度の増減に比例的に増減し，固定費はその総額において一定額が発生する。
⑶　販売価格は売上高の大きさにかかわらず一定である。
⑷　生産量と販売量は一致している。
⑸　生産・販売している製品の種類は1種類であるか，または複数である場合にはその割合が一定である。

　それぞれの仮定について，簡単に説明しよう。

⑴　**コスト・ビヘイビアの分析**
　CVP分析では，全ての費用が変動費と固定費とに二分できることが仮定されている。しかしながら，現実には，準変動費的な原価の態様を示す費用や準

固定費的な原価の態様を示す費用が存在する。このために，CVP分析を適用するにあたっては，何らかの方法を用いて，これらの費用を変動費と固定費とに分けることが必要となる。

費用を変動費と固定費の部分に分解することをコスト・ビヘイビア（原価態様）の分析とよぶ。コスト・ビヘイビアの分析にあたっては，一般的には，操業度というコスト・ドライバーが，原価の発生に影響を及ぼす唯一の要因であることが想定されている。コスト・ビヘイビアの分析のための代表的な技法としては，勘定科目精査法，高低点法，スキャター・チャート法そして最小二乗法がある。

① 勘定科目精査法

この方法では，主に会計担当者の専門的な知識に基づいて，費用が変動費か固定費かに分類される。後に紹介する方法に比べて，過去のデータに何らかの統計的な分析方法を適用しているのではないために，一般的には正確性に劣ると考えられる。しかしながら，小林（1988, p.28）は次のように指摘している。

しかし，たとえば，管理者の給料，福利厚生費，教育訓練費，退職給与引当金繰入額，建物や設備の減価償却費，技術研究費等は，あらかじめ決められた規則や会計手続によってその大きさが決められたり，あるいは過去・現在・将来にわたる経営者の政策に基づいて決まってくるという性質が強い。そこで，これらの費目の大きさについては過去のデータから将来の大きさを統計学的に推定することは妥当ではない。むしろ，これらの費目は勘定科目精査法によってあらかじめ分類しておく方がよい。

② 高低点法

これは，過去のデータに，数学的な分解方法を適用する方法である。過去のデータから操業度の最も低い点と最も高い点を見つけ，そのときの製造間接費の発生額を確定することで，この2点を結ぶ直線を引く。これによって，コスト・ビヘイビアの分析を行う。

たとえば，ある工場の月別の製造間接費と機械運転時間について，次に示すような1年間のデータが得られたと仮定しよう。

月	製造間接費(円)	機械運転時間(時間)
1月	1,377,152	2,014
2月	1,834,220	2,830
3月	1,798,560	2,940
4月	1,589,780	2,350
5月	1,820,560	2,543
6月	1,560,450	2,145
7月	1,590,690	2,312
8月	1,259,870	2,055
9月	1,600,340	2,368
10月	1,904,096	3,012
11月	1,659,870	2,769
12月	1,540,360	2,231

　このデータでは，操業度である機械運転時間がもっとも少ない月は1月である。そのときの機械運転時間は2,014時間，また製造間接費の実際発生額は1,377,152円である。他方，機械運転時間がもっとも多い月は10月であり，そのときの機械運転時間は3,012時間，製造間接費の実際発生額は1,904,096円である。高低点法では，この2つの点，(2,014, 1,377,152) と (3,012, 1,904,096) を結ぶ直線の式を求める。

　　製造間接費＝528×機械運転時間＋313,760

　この式より，変動費は機械運転時間1時間あたり528円であり，固定費部分は313,760円である。

　③　スキャター・チャート法
　この方法では，製造間接費と機械運転時間に関して収集した過去のデータをプロットし，散布図を描く。そして，その散布図に描かれたデータの真ん中を通る直線を目分量で引く。当然ながら，直線を引く個人によって，差異があるために，正確な方法ではないが，コストの大まかな態様を理解するためには有用である。

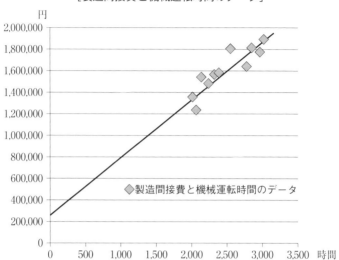

[製造間接費と機械運転時間のデータ]

④ 最小二乗法

　最小二乗法は，過去のデータに，統計的な分析方法を適用して，コストの態様を明らかにする方法である。エクセルをはじめとする表計算ソフトにデータを入力すれば，それらのデータに最も当てはまりのよい直線を計算してくれる。最小二乗法の詳しい説明は，基本的な統計学の教科書に譲るとして，ここでは「最も当てはまりのよい」直線の意味を説明しておこう。

　いま，最小二乗法を過去のデータに適用することで，一次関数式（$y=ax+b$）が求められると仮定する。この直線は，あるxの値についての予測値yを求める式であると考えられる。先の製造間接費の事例では，この式はある機械運転時間xに対する製造間接費の発生額yを明らかにしていると解釈できる。このとき，過去のデータから機械運転時間x_iに対して，製造間接費の実際発生額y_iが観察されているとしよう。

　最小二乗法では，このあるx_iについて，直線の式によって推定されたyと観測値y_iの誤差をすべての観測値について合計した値が最も小さいものを，最も当てはまりのよい直線の式であると考えるのである。その際に，計算の容易性の観点から，それぞれのx_iに対するy_iとyの誤差を二乗して合計した値を最小

のものとすることから，最小二乗法と呼ばれている。実際に統計パッケージで計算した結果は次のとおりである。

$$y=495.3x+404,500$$

なお，変動費率と固定費を求めるための公式としては次のものを利用するとよい。$\bar{x}$, $\bar{y}$は各々の平均値を示している。

$$b=\bar{y}-a\bar{x}$$

$$a=\frac{\Sigma(x_i-\bar{x})(y_i-\bar{y})}{\Sigma(x_i-\bar{x})^2}$$

(2) その他の仮定

次に，CVP分析の仮定の(2)で述べている正常操業圏について説明しよう。正常操業圏とは，変動費や固定費の変化が営業量の変化に対して直線で描くことの可能な範囲をいう。

また，CVP分析では，製品1単位あたりの販売価格が，売上高の大きさに関わらず，常に一定であることが仮定されている。これは，短期利益計画に適用することを前提としているためでもある。この前提をおくことで，売上高は販売量に比例的に増減する直線で表すことができる。

さらに，CVP分析では，生産量と販売量が一致すること，すなわち期首および期末の時点で在庫が存在しないかまたは在庫が存在してもそれが一定であることを前提としている。これは議論の単純化のための仮定である。(5)で示された仮定は，総費用や総収益が直線で近似できるためのものである。

14－5 多品種製品の場合のCVP分析

多品種の製品を製造している企業であっても，CVP分析の手法は適用可能である。ただし，この場合には，仮定(5)においても示されているように，各製品が販売数量または売上高に占める割合が一定であることを仮定する必要があ

例題14－2

お茶の水工業では，3種類の自転車用の部品Pa，Pb，およびPcを生産・販売している。部品1個あたりの販売価格および製造原価についてのデータは次のとおりである。このときに損益分岐点のときの各部品の販売・生産個数を求めよ。

（原価データ）

	販売価格	直接材料費	変動加工費	変動販売費
Pa	2,000	800	350	100
Pb	2,500	1,100	450	150
Pc	3,000	1,100	550	200

なお，固定費については，3つの部品共通に発生しており，その金額は19,300,000円である。ただし，Pa，PbおよびPcの販売数量に占める割合は，2：3：5であると仮定する。

解 答

ここではまず，各部品の貢献利益額を求めることにしよう。

Paの貢献利益額＝2,000－800－350－100＝750
Pbの貢献利益額＝2,500－1,100－450－150＝800
Pcの貢献利益額＝3,000－1,100－550－200＝1,150

3つの部品の販売数量に占める割合は2：3：5である。ここでPa，Pb，Pcが2：3：5の割合で含まれる新たな製品を考える。この時，損益分岐点のときの販売数量を求めると次のようになる。

$$X_{bep} = \frac{19,300,000}{2 \times 750 + 3 \times 800 + 5 \times 1,150} = 2,000$$

したがって，

Pa＝2,000×2＝4,000個
Pb＝2,000×3＝6,000個
Pc＝2,000×5＝10,000個

第14章の問題

14.1 市川機械工業では，製造間接費について，以下のデータを入手した。高低点法を用いて，コスト・ビヘイビアの分析を行ったとき，(1)変動費率，(2)固定費（月額）を求めなさい。また，(3)7月の直接作業時間が1,750時間であると仮定したときの製造間接費の発生予想額を計算しなさい。

〈資料〉

	製造間接費発生額	直接作業時間
1月	880,000円	2,000時間
2月	770,000円	1,600時間
3月	830,000円	1,850時間
4月	720,000円	1,500時間
5月	740,000円	1,550時間
6月	810,000円	1,780時間

14.2 市ヶ谷電機工業は自転車部品の製造・販売を行っている。製品の販売価格およびその原価に関するデータは次のとおりである。このとき，(1)損益分岐点の売上高を求めなさい。また，(2)この企業が次年度に2,100,000円の目標営業利益をあげたいと考えているとき，当該企業は売上高をどの程度獲得する必要があるか。(3)さらに目標売上高利益率を10％獲得したいときの売上高はどの程度であるか。

製品の販売価格	¥3,500
製造原価　変動費（製品1単位あたり）	¥900
固定費	¥6,800,000
販売費・一般管理費	
変動費部分（製品1単位あたり）	¥500
固定費部分	¥1,600,000

第15章

Activity-Based Costing

15－1 ■ABCの意義

　Johnson and Kaplan（1988）は，1980年代にアメリカ企業が競争力を低下させた原因の1つが，伝統的な原価計算システムの提供する歪んだ製造原価情報に基づいて，企業が戦略的な意思決定を行ったことにあると主張した。この主張を受けて，CooperやKaplanによって紹介された新しい製造間接費の配賦に関わる原価計算方法が，Activity-Based Costing（ABC，活動基準原価計算）である。

　1980年代に入り，伝統的な製造間接費の配賦方法への批判が高まった背景には，企業を取り巻く環境，特に製造環境の大きな変化がある。伝統的な製造間接費の配賦方法が前提とした，またその方法が許容されてきた製造環境とは，比較的限られた品種の製品を，工具が手作業によって，製造する環境であった。そこでは，製造原価に占める製造間接費の割合がそれほど大きなものではなく，製造間接費の発生が操業度の大きさとある程度関連していた。

　しかしながら，1980年代に入ると，顧客ニーズの多様化や競争のグローバル化に対応するため，企業は多様な製品を製造する必要に迫られた。グローバルな競争の激化やそれにともなう技術革新の加速化が，製品ライフ・サイクルの短縮化をもたらした。企業は，新製品を頻繁に導入した。多品種小ロット生産および新製品の頻繁な導入は，製造現場に大きな変化をもたらす。これらは，生産スケジューリングや段取り，およびマテハン活動といった支援活動に関わるコストを大幅に増大させる原因となった。

　さらに，工場の自動化（FA化）にともない，直接工が減少するとともに，自動化された製造設備の保守・運用に関わるコストが大幅に増大した。もちろ

ん，機械の減価償却費も増大した。これらの要因は，企業のコスト構造に大きな影響を及ぼした。

この時代，製造間接費は，金額的にもまた製造原価に占める割合の点でも急速に増大するとともに，質的にも従来とは異なったものとなった。このことが，伝統的な製造間接費の配賦実務を許容できないものとしたのである。

15－2 ■ 伝統的な製造間接費の配賦方法とABC

(1) 伝統的な製造間接費の配賦方法

伝統的な製造間接費の配賦方法では，製造間接費はまず部門に集計される。具体的には，製造間接費が部門個別費と部門共通費とに大別され，部門個別費はそれが発生した部門に直課され，部門共通費は適切な配賦基準を利用して，各部門へ配賦される。

伝統的な製造間接費の配賦方法では，補助部門は製品の製造に直接的に携わってはいないため，補助部門に集計された部門費を直接的に製品と関連づけることはできないと考えられた。このために，補助部門に集計された部門費は製造部門に再配賦される。

そして，最終的に製造部門に集計された製造間接費（部門個別費，部門共通費の配賦額および補助部門費の配賦額）が，操業度に関連した配賦基準によって製品へと配賦されるのである。ここで利用される典型的な配賦基準としては，直接作業時間，機械運転時間または直接労務費がある。

図表15-1 伝統的な製造間接費配賦方法

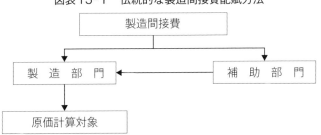

(2) ABC

① ABCの計算構造

ABCでは，まず，製造間接費がそれを発生させる原因となっているアクティビティ（活動）に集計される。このとき，製造間接費を「企業の資源によって行なわれている活動に結びつける」（Kaplan and Cooper, 1988, 邦訳, p.110）ために資源ドライバーが利用される。次に，アクティビティに集計されたコストは，製品，サービスまたは顧客といった原価計算対象に，それぞれの原価計算対象がアクティビティを消費した程度に基づいて割り当てられる。この段階では，アクティビティ・ドライバーが利用される。

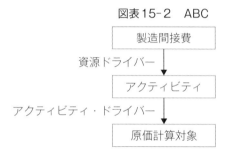

図表15-2　ABC

② ABCシステムの構築

Kaplan and Cooper（1988）によれば，ABCシステムの構築は次の4つのステップを経て行われる。

(ア) アクティビティ・リスト（活動一覧表）の作成

ABCを導入するには，企業が自社の部門内で遂行されているアクティビティを識別することが必要である。アクティビティとは「特定の目的を有したひとまとまりの作業またはタスク」（Atkinson et al., 1995, p.44）である。組織内では，購入指図書の処理，購入品の受け入れ，購入品の検査，生産スケジュリング，生産管理といった多様なアクティビティが遂行されている。アクティビティの識別は，既存のアクティビティ・リストを利用することで，または従業員へのインタビュー調査を通じて行われる。なお，組織内で遂行されるアクティビティは4つの階層に分類される。これについては，アクティビティ・ドライバーとの関係で後述する。

（イ）　各アクティビティに対する組織の支出額の確定

　次に，認識されたアクティビティに資源を結びつける。Kaplan and Cooper（1988）によれば，これは人的資源の場合には，「製造現場の作業員以外の従業員」（邦訳，p.112）に調査を行うことで，「すべての活動に費やした時間の割合」（邦訳，p.112）を見積もらせる。また人的資源以外の資源については，「ABCプロジェクトチームは，（電力使用，コンピュータ処理，通信の時間がどれだけかかるのかを）直接測定するか，または活動一覧表に示されている活動ごとに用いられる資源の割合を見積もるかのいずれかを行う」（邦訳，p.112）。これによって明らかにされた資源ドライバーによって，「財務システムから原価を収集し，企業の資源によって行われている活動に結びつける」（邦訳，p.110）のである。

（ウ）　企業の製品，サービス，顧客の識別

　このステップでは，企業がアクティビティを行う原因となっている製品やサービスまた企業が製品やサービスを提供している顧客を明らかにする。

（エ）　アクティビティ・コストを企業の製品，サービス，顧客に結びつける
　　　アクティビティ・ドライバーの選択

　アクティビティに集計されたコストを製品などの原価計算対象に割り当てるためには，アクティビティ・ドライバーが利用される。アクティビティ・ドライバーは，「アウトプットの各アクティビティに対する需要を示している」（Cooper and Kaplan, 1992, p.4）。Cooper and Kaplan（1988）は，4つの階層のアクティビティを識別しているが，それぞれの階層ごとに利用されるアクティビティ・ドライバーの特徴も異なる。穴あけや部品の全数検査といった製品またはサービスごとに遂行されるアクティビティは，ユニット・レベルのアクティビティである。ユニット・レベルのアクティビティは，製品の生産量に比例して行われる。このために，ユニット・レベルのアクティビティを製品などの原価計算対象に結びつけるために利用されるアクティビティ・ドライバーは，生産量などの操業度に基づいたものである。伝統的な製造間接費の配賦計算では，ユニット・レベルのアクティビティ以外のアクティビティにも操業度に基づくコスト・ドライバーを使用していた点で問題である。

バッチごとに遂行されるバッチ・レベルのアクティビティには，機械の段取りや部品の発注がある。これらのコストは，バッチごとに生産される製品の数とは無関係に発生する。バッチ・レベルのアクティビティ・コストを製品に結びつけるためのアクティビティ・ドライバーの例としては，段取費に対する段取り回数が考えられる。

　製品維持レベルのアクティビティとは，個々の製品を生産しまた販売することを支援するために実施されるアクティビティである。製品維持アクティビティの例として，Cooper et al. (1992) は製品の仕様書の管理，設計変更，特別検査手続の確立をあげている。

　設備維持レベルのアクティビティは，特定の製品ラインを維持するために遂行される製品ライン・アクティビティと特定の製品や製品ラインとは無関係に遂行される設備維持アクティビティに分解される。前者の例としては試作品の開発が，後者の例としては工場事務・管理があげられている（Cooper et al., 1992）。

　なお，Kaplan and Cooper (1998) は，アクティビティ・ドライバーを取引ドライバー（transaction driver），時間ドライバー（duration driver）および強度ドライバー（intensity driver）の3つに分類している。

　取引ドライバーとは，たとえば機械の段取りでいえば，段取回数といったアクティビティが遂行される頻度に基づいたアクティビティ・ドライバーである。取引ドライバーは，製品などのアウトプットが必要とするアクティビティが本質的に同様なものである場合に適切である。

　時間ドライバーの例としては，段取時間があげられる。時間ドライバーはアウトプットが必要とする活動の種類は同じであるがそこで必要とされるアクティビティの時間が異なる場合に適切である。

　これに対して，強度ドライバーは最も精緻なアクティビティ・ドライバーである。時間ドライバーでは，一定時間あたりのコストは同じであることが前提であるが，実際にはアウトプットの特性によって，より専門的な設備や技術が必要とされる場合には，たとえ同じ時間しか消費されなくともそこで必要となるコストは異なることが予想される。この場合には，強度ドライバーが使用される。

15−3 ABCの論者たちの主張

　ABCの論者たちが問題視するのは，伝統的な原価計算における製造部門から製品等の原価計算対象への製造間接費の配賦を行う段階である。伝統的な製造間接費の配賦方法では，直接作業時間等の操業度に関連した基準に基づいて配賦が行われる。しかしながら，ABCの論者らが主張するように，製造間接費のすべてが個々の製品またはサービスごとに遂行されるアクティビティに関連しているのではない。伝統的な製造間接費の配賦では，ABCの論者が主張するユニット・レベル以外のアクティビティが原因となって発生している製造間接費に対しても操業度に関連した基準で，製品等の原価計算対象に配賦を行っているのである。

　また，Cooper and Kaplan（1988）は，定期的な財務報告書が投入された資源の原価についての情報を提供するのに対して，ABCはアウトプットを生み出すために利用された資源の原価についての情報を提供していると述べている。両者の差異は未利用キャパシティの原価であるとされている。両者の関係は次の式で表わされる。

　　投入された資源の原価＝利用された資源の原価＋未利用キャパシティの原価

　定期的な財務報告書が提供する情報は近い将来の支出の予測に役立つのに対して，ABCは当該アクティビティに対する需要の変化をモニターしたり予測したりするために役立つ情報を提供するとされている。また，管理者は未利用キャパシティに関する情報を得ることで短期的に資源の利用の程度について改善を行ないうることが主張されている。

15−4 ABCの計算例

　ここでは数値例を用いて，ABCと伝統的な製造間接費の配賦方法との比較を行ってみよう。

174 ◆ 第3部　マネジメントに有用な原価計算

【事例】

　市ヶ谷工業株式会社は自社工場の製造ラインに大量生産品Paに加え，新製品Pbを投入した。ただし，現時点でのPbの生産量は限られている。以下の資料に基づいて，PaおよびPbの製品単位あたりの利益額を計算しなさい。

〈資料〉

	Pa	Pb*
生産量	15,000個	2,000個
販売価格	5,500円	9,500円
直接材料費	3,000円／個	4,500円／個
直接労務費	1,500円／個	2,250円／個
直接作業時間	1時間／個	1.5時間／個
製造間接費		
段取費	3,000,000円	
購買関連費	2,800,000円	
製品検査費	2,600,000円	
マテハン費	2,420,000円	
設計・仕様書作成費	2,500,000円	
合計	13,320,000円	

＊Pbを生産するための部品や原材料は，大量生産品とは異なる新しい部品や原材料を使用している。このため，発注等の購買関連活動にも大きな負担を掛けている。さらに，Pbは新製品であるために，Paに比べ製造プロセスでの検査の回数も多い。製品の改善のための設計の変更も頻繁に行われている。

(1) 伝統的な原価計算による製品単位あたり原価の算定

　製造間接費は，直接作業時間を配賦基準として製品に配賦されていると仮定する。Pa製品1個を生産するために必要な直接作業時間は1時間であり，Pb製品1個を生産するために必要な直接作業時間は1.5時間である。今，Pa製品は15,000個，Pb製品は2,000個生産されているので，工場全体での総直接作業時間は，次のとおりである。

　　　工場全体での総直接作業時間＝15,000×1＋2,000×1.5＝18,000時間

製造間接費の配賦基準は直接作業時間であるので，製造間接費の配賦率は，

$$製造間接費配賦率 = \frac{13{,}320{,}000}{18{,}000} = 740 円／時$$

これにより，直接作業時間1時間あたり740円の製造間接費が各製品に配賦される。

　　製品Paへの製造間接費の配賦額=740円／時×1=740円

　　製品Pbへの製造間接費の配賦額=740円／時×1.5=1,110円

以上のことから製品PaおよびPbの製品1個あたりの利益額を求めると，

	製品 Pa	製品 Pb
販売価格	5,500 円	9,500 円
直接材料費	3,000 円	4,500 円
直接労務費	1,500 円	2,250 円
製造間接費	740 円	1,110 円
製造原価合計	5,240 円	7,860 円
利　　益	260 円	1,640 円

(2) ABCによる製品単位あたり原価の算定

次に，ABCでは製造間接費をアクティビティに集計し，アクティビティごとにアクティビティ・ドライバーが設定される。当工場では，以下のようなアクティビティ・ドライバーを設定していると仮定しよう。

〈資料〉

アクティビティ	アクティビティ・ドライバー	製品Pa	製品Pb
段取り	段取回数	1回	1回
購買	発注回数	1回	3回
製品検査	検査回数	1回	3回
マテハン	搬送回数	3回	5回
設計・仕様書作成	設計変更回数	1回	3回

［アクティビティ・ドライバーあたりのチャージレートの計算］

段取費は3,000,000円であり，段取活動のアクティビティ・ドライバーとして，ここでは段取回数が考えられている。段取回数はPa，Pbともに1回である。このことから，チャージレートは以下の式より，

$$段取費のチャージレート = \frac{3,000,000}{1+1} = 1,500,000$$

PaとPbは共に，段取り回数が1回であることより，両者に割り当てられる段取費は1,500,000円である。

他の支援活動についても同様にチャージレートを求めると，

$$購買費 = \frac{2,800,000}{1+3} = 700,000$$

$$製品検査費 = \frac{2,600,000}{1+3} = 650,000$$

$$マテハン費 = \frac{2,420,000}{3+5} = 302,500$$

$$設計・仕様書の作成費 = \frac{2,500,000}{1+3} = 625,000$$

製品Paに割り当てられる支援活動費
 = 1,500,000 × 1 + 700,000 × 1 + 650,000 × 1 + 302,500 × 3 + 625,000 × 1
 = 4,382,500

製品Pbに割り当てられる支援活動費
 = 1,500,000 × 1 + 700,000 × 3 + 650,000 × 3 + 302,500 × 5 + 625,000 × 3
 = 8,937,500

$$製品Paの単位あたりの支援活動費 = \frac{4,382,500}{15,000} ≒ 292.17$$

$$製品Pbの単位あたりの支援活動費 = \frac{8,937,500}{2,000} = 4,468.75$$

以上のことから製品Paおよび Pbの製品1個あたりの利益額を求めると，

	製品 Pa	製品 Pb
販売価格	5,500 円	9,500 円
直接材料費	3,000 円	4,500 円
直接労務費	1,500 円	2,250 円
製造間接費	292.17 円	4,468.75 円
製造原価合計	4,792.17 円	11,218.75 円
利　　益	707.83 円	−1,718.75 円

　伝統的な製造間接費の配賦方法に基づいて計算した結果では，製品Paの製造原価は製品1個あたり5,240円であり，利益は260円である。他方，製品Pbの製造原価は製品1個あたり7,860円であり，利益は1,640円である。伝統的な原価計算によれば，製品Pbは高い収益性を示しており，逆に製品Paはある程度の収益性はあるが，Pbと比べ収益性が低い製品であるということになる。この情報から，経営者は製品Pbの製造・販売を優先し，Paについては製造規模の縮小を検討する可能性がある。

　これに対して，ABCによれば，製品Paの製造原価は製品1個当たり4,792.17円であり，利益は707.83円である。他方，製品Pbの製造原価は製品1個あたり111,218.75円であり，製品1個あたりの損失が1,718.75円である。製品Paの製品1個あたりの利益額は，伝統的な原価計算によって計算されたものよりもかなり大きい。他方，製品Pbは大きな損失を計上していた。これは伝統的な原価計算では製造間接費を操業度に基づく配賦基準によって製品に配賦していたために，生産量が大きい製品Paが生産量の小さい製品に起因して発生した製造間接費の大きな部分を計算上補っていたためである。

　ABCによる場合には，製品Paは収益性に優れた製品であり生産の拡大が検討されるであろう。これに対して，製品Pbは製品1個あたり損失を計上している。ただし，Pbは新製品であることを仮定としているので，機械的にABCから得られた情報のみで製品の廃止を検討すべきではないかもしれない。

15−5 ABM

　ABCは，原価管理にも有用な情報を提供する。これは，Activity-Based Management（ABM，活動基準原価管理）と呼ばれる。Raffish and Turney（1991）は，ABMを「顧客によって受け取られる価値の改善と，この価値を提供することによって達成される利益の改善のための道筋としてのアクティビティのマネジメントに焦点をあわせる研究である」（p.53）と特徴づけている。

　Turney（1992）は，ABMによるアクティビティのパフォーマンスの改善は，アクティビティ分析，コスト・ドライバー分析および業績分析の3つのステップで実行されるとしている。

　アクティビティ分析では，改善の機会が認識される。このステップでは，顧客の視点また組織の機能上いずれの視点からも必要とはされないアクティビティ，すなわち非付加価値活動が認識される。ただし，付加価値活動であったとしても，それらのアクティビティがより効率的な方法で遂行される可能性があるかも検討される。

　次に，コスト・ドライバー分析では，アクティビティ分析において，不必要また非効率的なアクティビティであると認識されたアクティビティについて，それらのアクティビティが遂行される原因となっている要因，すなわちアクティビティ・ドライバーが明らかにされる。

　そして，第3ステップである業績分析では，組織内で遂行される継続的な改善の努力が，組織内外の顧客のニーズを満たすという意味において正しい方向に向かうような業績尺度の検討・開発がなされるのである。

　なお，現実のコスト削減は，アクティビティの遂行方法を変化させることによって行われる。その具体的な方法として，たとえば非付加価値活動を取り除くこと，付加価値活動であってもアクティビティの遂行にかかる時間や労力を削減すること，未利用資源を有効活用することなどがあげられている。

15−6 ABCに対する批判とTDABC

　ABCは日本企業へ，あまり普及しなかった。他方，アメリカ企業においても，ABCの採用および実行にあたって生じるさまざまな問題から，ABCを採用しないまたは一度採用してもそれを継続的に利用しない企業の例がみられた（Kaplan and Anderson, 2004）。この理由として，Kaplan and Anderson（2008）は，「ABCシステムは，設計に多額の経費を要し，維持するのも難しく，またモデルを修正するのも簡単ではない」（邦訳, p.7）。さらに，「ABCモデルの中には多数のアクティビティが含まれているが，それでも実際の複雑な業務活動を捉えるには十分に正確ではなく，また十分に細部を把握できていない」（邦訳, p.7）といった点をあげている。

　これらの問題を解決するために，Kaplan and Anderson（2004, 2008）は，Time Driven Activity-Based Costing（TDABC, 時間主導型ABC）を考案した。TDABCでは，「マネジャーは，各取引，製品または顧客の資源に対する需要を直接見積もる」（邦訳, p.4）。このために，「資源キャパシティを供給するための時間あたりのコスト」と「製品，サービスまたは顧客ごとの資源キャパシティの消費の時間単位」という情報が必要である（邦訳, p.5）。前者はキャパシティ費用率とも呼ばれ，次式に基づいて算定される（Kaplan and Anderson, 2008, 邦訳, p.13）。

$$\text{キャパシティ費用率} = \frac{\text{供給されたキャパシティの費用}}{\text{供給資源の実際的キャパシティ}}$$

　このキャパシティ費用率に各種の活動を1単位実行するために要した時間を乗ずることで，コスト・ドライバー率を計算できるのである。

　Kaplan and Anderson（2008）では，顧客サービス部門の例が示されている。ここでは，彼らが提示した事例に基づいて，TDABCの計算構造を明らかにしよう。

　Kaplan and Andersonによれば，顧客サービス部門の四半期の部門費の合計金額は567,000ドルであり，これらはすべて固定費であると仮定されている。

この部門では，顧客注文の処理，顧客からの問い合わせの処理，与信審査の遂行といったアクティビティが遂行されている。また，この部門では，現場従業員が28名おり，四半期で60日間，1日7.5時間働いたと仮定して，賃金の支払いがなされている。しかし，実際には，休憩や訓練等に費やされる時間があるために，「各従業員の実際的キャパシティは，四半期につきほぼ22,500分（1日375分×四半期60日）になる」(邦訳, pp.13-14)。これらの情報からキャパシティ費用率は以下のように計算される。

$$キャパシティ費用率 = \frac{567,000ドル（供給されたキャパシティの費用）}{22,500分 \times 28人（供給資源の実際的キャパシティ）}$$

$$= 0.90 ドル／分$$

次に，TDABCチームは，顧客サービス部門で遂行されているアクティビティの遂行に必要とされる大体の時間を，「直接的な観察かインタビューのいずれかで入手可能である」（邦訳, p.14）。この結果は次のとおりであった。

・顧客注文の処理：8分
・顧客からの問い合わせの処理：44分
・与信審査の遂行：50分

このことから，アクティビティのコスト・ドライバー率は次のように計算されている。

アクティビティ	TDABCコスト・ドライバー	
	単位時間（分）	配賦率（1分当たり0.90ドル）
顧客注文の処理	8	7.20ドル
顧客からの問い合わせの処理	44	39.60ドル
与信審査の遂行	50	45.00ドル

(Kaplan and Anderson, 2008, 邦訳, p.15)

四半期における当該部門が受けた顧客からの注文処理が49,000件，顧客からの問い合わせが1,400件，そして与信審査が2,500件であったとすると，次の表に示すようになる。

アクティビティ	単位時間	数量	総時間(分)	費用合計
顧客注文の処理	8	49,000	392,000	352,800ドル
顧客からの問い合わせの処理	44	1,400	61,600	55,440
与信審査の遂行	50	2,500	125,000	112,500
利用されたキャパシティ			578,600	520,740ドル
未利用キャパシティ (8.2%)			51,400	46,260
合計			630,000	567,000ドル

(Kaplan and Anderson, 2008, 邦訳, p.15)

TDABCは，ABCの設計や運用の側面で，組織が直面する問題のいくつかを解決している。TDABCでは，「時間というドライバーを使用することにより資源費用をコスト・オブジェクトに直接配賦することで，資源費用を最初にアクティビティに割り当てるという，手間がかかり，かつ誤りが生じやすい第1段階を省略できるのである」(Kaplan and Anderson, 2008, 邦訳, p.23) と主張されている。

第15章の問題

15.1 伝統的な製造間接費の配賦方法とABCの相違点について述べよ。

15.2 四ツ谷自転車工業は3種類の自転車部品CC，RCおよびMBを製造している。3種類の製品について以下のような情報が与えられているときに，(1)製造間接費を機械運転時間で配賦する方法によるときの各製品の単位あたり製造原価，および(2)ABCを利用するときの各製品の単位あたり製造原価を求めなさい。

	CC	RC	MB
生産量	500個	200個	250個
直接材料費	2,000円／個	3,000円／個	2,500円／個
直接労務費	2,500円／個	4,500円／個	4,000円／個
機械運転時間	50時間	25時間	30時間
段取回数	1回	1回	1回
マテハン回数	5回	10回	10回
検査回数	1回	10回	5回

（製造間接費データ）

段取費用	¥330,000
マテハン費用	¥300,000
検査費用	¥420,000
合計	¥1,050,000

（アクティビティ・ドライバーについての情報）

コスト	アクティビティ・ドライバー
段取費用	段取回数
マテハン費用	マテハン回数
検査費用	検査回数

15.3 時間主導型ABCの特徴について論ぜよ。

[参考文献]

Atkinson, A.A., R.D.Banker, R.S.Kaplan, and S.M.Young. *Management Accounting*, Prentice-Hall, 1995.

Cooper, R., and R.S.Kaplan. Activity-Based Systems: Measuring the Costs of Resource Usage, *Accounting Horizon*, September, 1992.

Kaplan, R.S., and S.R.Anderson. *Time-Driven Activity-Based Costing: a simpler & more powerful path to higher profits*, Harvard Business School Press, 2008.（前田貞芳・久保田敬一・海老原崇監訳『戦略的収益費用マネジメント　新時間主導型ABCの有効利用』マグロウヒル・エデュケーション，2008年）

Kaplan, R.S., and R.Cooper. *Cost and Effect: Using Integrated Systems to Drive Profitability and Performance*, Harvard Business School Press, 1988.（櫻井通晴訳『コスト戦略と業績管理の統合システム』ダイヤモンド社，1988年）

Raffish, N., and P.B.B.Turney. Glossary of Activity-Based Management, *Journal of Cost Management*. Fall, 1991.

Turney, P.B.B. Activity-Based Management, *Management Accounting*, January, 1992.

新江孝「日本企業の管理会計・原価計算実務に関する調査結果の分析―先行調査研究との比較―」『商学研究』第30号，2014年。

上埜進・長坂悦敬・杉山善浩『原価計算の基礎―理論と計算―〔第2版〕』税務経理協会，2008年。

上埜進編著『工業簿記・原価計算の基礎―理論と計算―〔第3版〕』税務経理協会，2014年。

岡本清『原価計算〔六訂版〕』国元書房，2006年。

岡本清・廣本敏郎編著『検定簿記講義／2級工業簿記〔平成27年版〕』中央経済社，2015年。

加登豊・山本浩二『原価計算の知識〔第2版〕』日本経済新聞社（日経文庫），2012年。

川野克典「日本企業の管理会計・原価計算の現状と課題」『商学研究』第30号，2014年。

小林哲夫『原価計算〔改訂版〕』中央経済社，1988年。

小林啓孝『現代原価計算講義〔第2版〕』中央経済社1997年。

櫻井通晴『原価計算』同文舘出版，2014年。

佐藤康男・福田淳児『原価計算テキスト』中央経済社，2011年。
自転車産業振興協会編『自転車統計要覧〔第48版〕』2014年。
渋谷武夫編著『スタディガイド工業簿記』中央経済社，2008年。
清水孝・小林啓孝・伊藤嘉博・山本浩二「わが国原価計算実務に関する調査（第1回）（第2回）（第3回・終）」『企業会計』Vol.63, No.8・9・10, 2011年。
清水孝・長谷川恵一・奥村雅史『入門原価計算〔第2版〕』中央経済社，2004年。
谷武幸編著『エッセンシャル原価計算』中央経済社，2012年。
廣本敏郎・挽文子『原価計算論〔第3版〕』中央経済社，2015年。
柳田仁編著『原価計算ガイダンス』中央経済社，2012年。

索　引

■ 英字・数字 ■

Activity-Based Costing …………………… 168
Activity-Based Management …………… 178
CVP分析 ……………………………………… 155
Time Driven Activity-Based Costing … 179

■ あ行 ■

アウトプット法 ……………………………… 127
アクティビティ・ドライバー …………… 170
アクティビティ・リスト ………………… 170
アクティビティ（活動） ………………… 170
異常仕損 ………………………………………… 85
一般管理費 ……………………………………… 15
移動平均法 ……………………………………… 31
インプット法 ………………………………… 127
営業費 …………………………………………… 15

■ か行 ■

買入部品費 ……………………………………… 26
外注加工賃 ……………………………………… 45
階梯式配賦法 …………………………………… 70
外部材料副費 …………………………………… 28
外部取引 ………………………………………… 7
価額基準 ………………………………………… 49
価格決定 ………………………………………… 4
加工時間 ………………………………………… 40
加工費 …………………………………………… 93
勘定科目精査法 …………………………… 162
完成品換算数量 ………………………………… 93
間接経費 ………………………………… 16, 45
間接工 …………………………………… 36, 41
間接材料費 ……………………………… 16, 27

間接作業時間 ………………………………… 40
間接費 …………………………………………… 16
間接労務費 ……………………………… 16, 36
簡便法 …………………………………………… 72
管理可能差異 ………………………………… 134
期間原価 ……………………………………… 144
基準操業度 ……………………………………… 53
基準標準原価 ………………………………… 122
期待実際操業度 ………………………………… 53
給料 ……………………………………………… 35
強度ドライバー ……………………………… 172
勤務時間 ………………………………………… 40
組間接費 ……………………………………… 109
組直接費 ……………………………………… 109
組別総合原価計算 …………………… 91, 109
経営の基本計画 ………………………………… 4
継続記録法 ……………………………………… 29
継続製造指図書 ……………………………… 92
経費 ……………………………………… 15, 45
結合製品 ……………………………………… 109
原価 ……………………………………………… 2
限界利益 ……………………………………… 146
限界利益率 …………………………………… 159
原価管理 …………………………… 4, 63, 120
原価計算 ………………………………………… 2
原価計算期間 …………………………… 21, 41
原価計算基準 …………………………… 2, 3
原価計算制度 ………………………………… 23
原価計算の目的 ………………………………… 3
原価態様 ……………………………………… 17
原価の期末調整 ……………………………… 121
原価の形態別分類 …………………………… 15
原価の本質 …………………………………… 14

原価標準	120		雑給	35
原価部門	62		三分法	132
現実的標準原価	122		三分法の1, 2	134
減損	99		仕掛品	82, 92
減損費	99		仕掛品原価	82
原料費	26		時間基準	49
貢献利益	146		時間ドライバー	172
公式法	125		仕損	85
公式法変動予算	55		仕損費	85, 99
工場管理部門	64		仕損品	85, 99
工場消耗品費	27		実際価格	22
工程	63		実際原価	21
高低点法	162		実際原価計算	21
工程別計算	63		実際作業時間	37
工程別総合原価計算	91, 103		実際賃率	38
コスト・ビヘイビアの分析	162		実際的生産能力	53
固定製造原価	144		実際配賦	51
固定費	17		実査法	125
固定費能率差異	137		実地棚卸	33
固定費率	57		実働時間	40
固定予算	54, 125		支払経費	45, 46
個別原価計算	22, 78		支払賃金	37
個別原価計算表	81		支払賃率	37
個別賃率	38		四分法	134
個別法	31		従業員賞与・手当	35
			就業時間	40

■ さ行 ■

			主要材料費	26
最小二乗法	162		準固定費	17
材料購入原価	27		準変動費	17
材料消費価格差異	33, 128		商企業	7
材料消費数量差異	128		消費賃金	37
材料費	15, 26, 29		消費賃率	38
材料副費	28		消費賃率差異	130
先入先出法	31, 94		消耗工具器具備品費	27
作業くず	87		職種別平均賃率	38
作業時間差異	130		進捗度	94

スキャター・チャート法 …………… 162
生産活動 ………………………………… 7
正常仕損 ………………………………… 85
正常操業圏 ……………………………… 161
製造間接費 ……………………… 16, 48, 80
製造間接費実際配賦額 ………………… 51
製造間接費実際配賦率 ………………… 51
製造間接費の第1次集計 ……………… 64
製造間接費の第2次集計 ……………… 64
製造間接費配賦差異 …………………… 56
製造間接費標準 ………………………… 124
製造間接費予算額 ……………………… 52
製造間接費予定配賦額 ………………… 52
製造間接費予定配賦率 ………………… 52
製造企業 ………………………………… 7
製造原価 ………………………………… 15
製造差益 ………………………………… 146
製造直接費 ………………………… 16, 80
製造部門 ………………………………… 64
製造部門費配賦額 ……………………… 84
製造部門費配賦率 ……………………… 84
製品維持レベルのアクティビティ …… 172
製品別計算 ……………………………… 21
設備維持レベルのアクティビティ …… 172
全部原価計算 …………………………… 23
総括配賦 …………………………… 62, 81
操業度 …………………………………… 17
操業度差異 ………… 56, 132, 134, 136, 137
総原価 …………………………………… 16
総合原価計算 ……………………… 22, 91
相互配賦法 ……………………………… 72
総平均賃率 ……………………………… 38
総平均法 ………………………………… 31
素価 ……………………………………… 49
測定経費 …………………………… 45, 46
素材費 …………………………………… 26

損益分岐点 ……………………………… 156

■ た行 ■

退職給付引当金繰入額 ………………… 35
代品 ……………………………………… 85
多桁式変動予算 ………………………… 55
棚卸計算法 ……………………………… 30
棚卸減耗費 ……………………………… 34
単一工程総合原価計算 ………………… 91
単純個別原価計算 ……………………… 78
単純総合原価計算 ……………………… 91
段取時間 ………………………………… 40
直接経費 …………………………… 16, 45
直接原価計算 …………………… 23, 144
直接工 ……………………………… 36, 37
直接材料費 ……………………… 16, 27, 93
直接材料費総差異 ……………………… 128
直接材料費標準 ………………………… 123
直接作業時間 …………………………… 40
直接配賦法 ……………………………… 69
直接費 …………………………………… 16
直接労務費 ………………………… 16, 36
直接労務費標準 ………………………… 124
賃金 ……………………………………… 35
賃率差異 ………………………………… 39
月割経費 …………………………… 45, 46
手待時間 ………………………………… 40
等価係数 ………………………………… 112
等級別総合原価計算 ……………… 91, 112
当座標準原価 …………………………… 122
度外視法 ………………………………… 99
特殊原価調査 …………………………… 23
特定製造指図書 …………………… 78, 79
取引ドライバー ………………………… 172

■ な行 ■

- 内部材料副費 ……………………………… 28
- 内部取引 …………………………………… 7
- 二分法 ……………………………………… 134
- 能率差異 ………………………………… 132, 136

■ は行 ■

- 配賦 ………………………………………… 48
- 配賦額 …………………………………… 48, 49, 50
- 配賦基準 …………………………………… 49
- 配賦差異 ………………………………… 59, 75
- 配賦率 …………………………………… 48, 49, 56
- 発生経費 …………………………………… 46
- バッチ・レベルのアクティビティ …… 172
- 販売費 ……………………………………… 15
- 非原価項目 ……………………………… 16, 34
- 非度外視法 ………………………………… 99
- 非付加価値活動 ………………………… 178
- 費目別計算 ………………………………… 20
- 標準原価 ………………………………… 22, 120
- 標準原価カード ………………………… 126
- 標準原価計算 …………………………… 22, 120
- 非累加法（非累積法）………………… 104
- 賦課 ………………………………………… 48
- 部分原価計算 ……………………………… 23
- 部門共通費 ………………………………… 65
- 部門共通費の配賦 ………………………… 65
- 部門共通費予定配賦額 …………………… 74
- 部門共通費予定配賦率 …………………… 74
- 部門個別費 ………………………………… 65
- 部門別計算 ……………………………… 20, 62
- 部門別個別原価計算 …………………… 78, 83
- 部門別配賦 ………………………………… 63
- 不利差異 ………………………………… 33, 59, 75
- 平均操業度 ………………………………… 53

- 平均法 ……………………………………… 94
- 変動製造原価 …………………………… 144
- 変動費 ……………………………………… 17
- 変動費能率差異 ………………………… 137
- 変動費率 …………………………………… 57
- 変動予算 ………………………………… 54, 125
- 法定福利費 ………………………………… 35
- 補修指図書 ………………………………… 85
- 補助経営部門 ……………………………… 64
- 補助材料費 ………………………………… 26
- 補助部門 …………………………………… 64
- 補助部門費 ………………………………… 68
- 補助部門費予定配賦額 …………………… 74
- 補助部門費予定配賦率 …………………… 74

■ や行 ■

- 有利差異 ………………………………… 33, 59, 75
- ユニット・レベルのアクティビティ …… 171
- 要支払額 ………………………………… 41, 42
- 予算 ………………………………………… 4
- 予算差異 ……………………… 56, 132, 136, 137
- 予定価格 ………………………………… 22, 33
- 予定賃率 …………………………………… 38
- 予定配賦 …………………………………… 28
- 予定配賦額 ……………………………… 52, 74
- 予定配賦率 …………………………… 28, 52, 74

■ ら行 ■

- 理論的生産能力 …………………………… 53
- 累加法（累積法）………………………… 104
- 連産品総合原価計算 …………………… 115
- 連続配賦法 ………………………………… 72
- 連立方程式法 ……………………………… 72
- 労務費 …………………………………… 15, 35
- ロット …………………………………… 22, 78

《著者紹介》

山北晴雄（やまきた　はるお）

1957年	千葉県に生まれる
1980年	中央大学商学部会計学科卒業
1982年	中央大学法学部政治学科を経て東京都庁（東京都商工指導所）入庁
2000年	法政大学大学院社会科学研究科経営学専攻博士課程単位修得退学
	東京都庁を退職して新潟経営大学経営情報学部助教授となる
2006年	大原大学院大学会計研究科教授
2009年	中部大学経営情報学部教授
2017年	関東学院大学経営学部教授となり，現在に至る

【主要業績】「アイドルキャパシティの発生源泉と管理」『會計』第166巻第2号（2004年），「デジタル化の進展と原価計算への影響」『日本中小企業学会論集』25（2006年），『「会計・財務」の基礎知識』とりい書房（2007年），「中小企業政策の変化と自治体における高度化事業の課題」『地方自治研究』Vol.28,No.1（2013）。

福田淳児（ふくだ　じゅんじ）

1965年	長崎県に生まれる
1987年	長崎大学経済学部卒業
1992年	神戸大学大学院経営学研究科博士後期課程単位修得退学
	広島経済大学経済学部専任講師となる
1995年	横浜市立大学商学部助教授
1998年	法政大学経営学部助教授
2003年	法政大学経営学部教授となり，現在に至る

【主要業績】「日本企業における管理会計担当者の役割と組織業績への貢献の知覚」『会計プログレス』第10号（2009年），「企業の製品・市場戦略の変更と管理会計担当者の役割」『原価計算研究』34（2）（2010年），「スタートアップ企業におけるMCS研究に向けて」『経営志林』第50巻第4号（2014年），「組織学習とMCSとの関係－質問票調査の分析結果より－」『経営志林』第52巻第1号（2015年）。

ファーストステップ原価計算を学ぶ

2016年4月1日　第1版第1刷発行
2023年12月10日　第1版第6刷発行

著　者　山　北　晴　雄
　　　　福　田　淳　児
発行者　山　本　　　継
発行所　㈱中央経済社
発売元　㈱中央経済グループ
　　　　パブリッシング

〒101-0051　東京都千代田区神田神保町1-35
電　話　03（3293）3371（編集代表）
　　　　03（3293）3381（営業代表）
https://www.chuokeizai.co.jp
印刷／文唱堂印刷㈱
製本／㈲井上製本所

©2016
Printed in Japan

＊頁の「欠落」や「順序違い」などがありましたらお取り替えいたしますので発売元までご送付ください。（送料小社負担）

ISBN978-4-502-18241-9　C3034

JCOPY〈出版者著作権管理機構委託出版物〉本書を無断で複写複製（コピー）することは，著作権法上の例外を除き，禁じられています。本書をコピーされる場合は事前に出版者著作権管理機構（JCOPY）の許諾を受けてください。
JCOPY〈https://www.jcopy.or.jp　eメール：info@jcopy.or.jp〉

―■おすすめします■―

学生・ビジネスマンに好評
■最新の会計諸法規を収録■

新版 会計法規集

中央経済社編

会計学の学習・受験や経理実務に役立つことを目的に，最新の会計諸法規と企業会計基準委員会等が公表した会計基準を完全収録した法規集です。

《主要内容》

会計諸基準編＝企業会計原則／外貨建取引等会計基準／研究開発費等会計基準／税効果会計基準／減損会計基準／自己株式会計基準／1株当たり当期純利益会計基準／役員賞与会計基準／純資産会計基準／株主資本等変動計算書会計基準／事業分離等会計基準／ストック・オプション会計基準／棚卸資産会計基準／金融商品会計基準／関連当事者会計基準／四半期会計基準／リース会計基準／工事契約会計基準／持分法会計基準／セグメント開示会計基準／資産除去債務会計基準／賃貸等不動産会計基準／企業結合会計基準／連結財務諸表会計基準／研究開発費等会計基準の一部改正／変更・誤謬の訂正会計基準／包括利益会計基準／退職給付会計基準／修正国際基準／原価計算基準／監査基準　他

会 社 法 編＝会社法・施行令・施行規則／会社計算規則

金 商 法 規 編＝金融商品取引法・施行令／企業内容等開示府令／財務諸表等規則・ガイドライン／連結財務諸表規則・ガイドライン／四半期財務諸表等規則・ガイドライン／四半期連結財務諸表規則・ガイドライン　他

関 連 法 規 編＝税理士法／討議資料・財務会計の概念フレームワーク　他

■中央経済社■